MÉTHODE
DE
PLAIN-CHANT,

A l'usage des Séminaires.

A PARIS,
Chez Adr. Leclere, quai des Augustins, n.° 35.

ET A SENS,
Chez Thomas, libraire, éditeur, rue Dauphine.

1820.

Seront réputés contrefaits tous les exemplaires qui ne seroient pas revêtus de ma signature.

A AUXERRE,

DE L'IMPRIMERIE DE L. FOURNIER. 1826.

AVERTISSEMENT.

Plusieurs Séminaires de France se sont plaints qu'il manquoit une *Méthode de Plain-chant*, et cette plainte ne paroît pas destituée de fondement. Parmi les ouvrages sur cette matière, les uns sont d'énormes traités, où l'on s'est proposé plutôt de faire des compositeurs que de former des chanteurs; d'autres, malgré le mérite de la clarté que nous aimons à y reconnoître, n'ont point atteint leur but, en ce que, négligeant une multitude de développements et de détails, ils semblent être plutôt des récapitulations à l'usage de ceux qui sont déjà familiarisés avec les principes, que des livres élémentaires propres à apprendre aux jeunes élèves un art qu'ils ignorent encore entièrement.

Dans la nouvelle Méthode que l'on

propose ici, on a tâché de tenir le milieu entre ces deux inconvéniens; je veux dire, entre un savant Traité et un Abrégé trop peu substantiel. On s'est efforcé d'y montrer, avec toute la clarté possible, la liaison des principes entre eux, et celle de la pratique avec la théorie; deux objets qu'avoient un peu négligé les Méthodes précédentes. On ne sera pas étonné d'y rencontrer quelques notions historiques et quelques raisonnemens sur les sources des règles, si l'on veut bien faire attention que cette Méthode a été rédigée principalement pour l'usage du Séminaire Saint-Sulpice de Paris, et des autres Séminaires de France; et si l'on se souvient que les Elèves des Séminaires, familiarisés avec tout ce qui est discussion, sont bien aises de se rendre raison des principes qu'on leur propose.

C'est à ceux qui voudront bien faire usage de notre Méthode qu'il appartient de juger si nous avons rempli le plan que nous nous étions tracé. Au reste, notre travail sera trop payé si ce petit Ouvrage, tout imparfait qu'il est, peut contribuer en quelque manière à la décence du culte divin et à l'édification des fidèles.

TABLE.

MÉTHODE
DE PLAIN-CHANT.

» Pour apprendre le Plain-chant, il faut, dit » M. Nivers, connoître parfaitement les notes, » les entonner juste, enfin y joindre la lettre ou » les paroles. » Voilà donc trois opérations bien distinctes; *nommer* la note, la *chanter*, puis y *adapter* les mots. » Ces trois choses, ajoute » M. Nivers, se doivent faire l'une après l'autre, » pour avancer et apprendre à fond : autrement » ce ne sera jamais que routine et confusion. » C'est la marche que nous suivrons dans cette Méthode. Mais comme il est d'expérience qu'on n'a plus aucune peine à appliquer la parole quand on a solfie pendant un temps suffisant, et qu'on est parvenu à le faire avec assurance et facilité, nous nous arrêterons surtout aux deux premiers degrés, lesquels forment ce qu'on appelle *la vocalisation* ou l'art de *solfier*. Nous nous contenterons de donner quelques avis touchant la troisième opération.

Ainsi, le premier Chapitre traitera de la *nomenclature* du Plain-chant, et le second de son *intonation*. En séparant de la sorte ces deux opérations, on parviendra à *solfier* en assez peu de temps, sans presque avoir éprouvé aucune difficulté. Nous ajouterons un troisième Chapitre sur la Psalmodie ; et un quatrième, où nous parlerons du chant *figuré* ou *mesuré*.

CHAPITRE PREMIER.

De la nomenclature du Plain-chant.

POUR s'exercer dans ce premier degré, l'élève doit connoître le nom et la valeur des signes employés dans l'écriture du Plain-chant.

I. On se sert dans le Plain-chant de sept notes qu'on appelle *ut*, *re*, *mi*, *fa*, *sol*, *la*, *si*. Ces notes s'écrivent sur quatre lignes tracées horizontalement, dont la réunion s'appelle une *portée*.

Exemple de la portée *et des notes écrites sur elle.*

On remarque dans cet exemple :

1° Que les quatre lignes se comptent en commençant par celle d'en bas.

2° Que si on étoit obligé d'écrire des notes au-dessus ou au-dessous de la portée, on ajouteroit de petites lignes qui tiendroient lieu de grandes.

Les notes sont ici représentées par des figures carrées et par des losanges. Mais il faut prendre garde que le nom de la note n'est point déterminé par la forme du caractère, mais bien par la position inférieure ou supérieure que ce caractère occupe dans l'étendue de la portée; en sorte que le nom de la note *ut*, par exemple, étant déterminé par un signe placé au commencement de la portée, le nom des autres notes se trouve pareillement déterminé selon l'ordre des sept notes, ci-dessus énoncé. Le signe qu'on emploie à cet effet s'appelle *clef*.

II. On se sert, dans le Plain-chant de deux *Clefs*, qui sont la Clef d'*ut* et la Clef de *fa*. On les appelle ainsi pour montrer qu'on devra nommer *ut* ou *fa* tous les points qui seront placés sur la ligne de la clef, lesquels points une fois connus serviront à faire connoître les autres, comme on le verra dans les exemples ci-après.

La clef d'*ut* peut avoir quatre positions, c'est-à-dire, qu'elle se pose sur les quatre lignes. Les deux premières positions sont peu usitées.

La clef de *fa* n'a que deux positions, savoir: sur la 3e et sur la 4e ligne. Cette dernière position n'est point en usage.

Quelques Auteurs ont admis une clef de *fa* sur la 1re et sur la 2e ligne; mais assez mal à propos, puisque si l'on examine le tableau des clefs ci-dessous, l'on verra que ces deux positions de la clef de *fa* ne seroient autre chose que les deux dernières de la clef d'*ut*.

Tableau des Clefs.

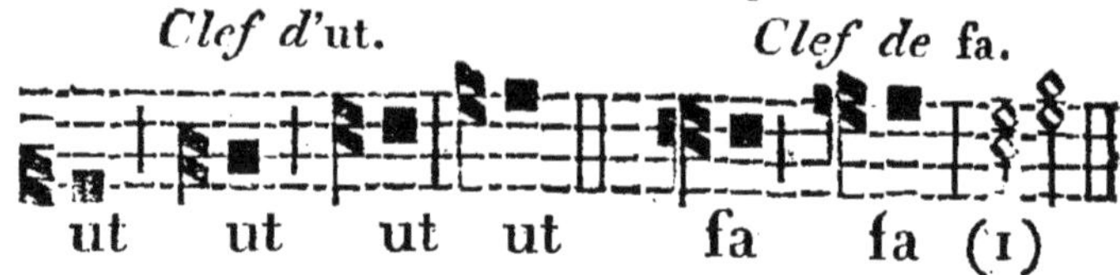

Tableau des Clefs usitées,

où l'on voit comment elles déterminent le nom des notes.

*Clef d'*ut *sur la* 3.e *ligne.*

*Clef d'*ut *sur la* 4.e *ligne.*

Clef de fa *sur la* 3.e *ligne.*

L'élève peut répéter lui-même cette opération pour les clefs non usitées.

III. On emploie encore dans l'écriture du plain-chant quelques autres signes, dont les principaux sont la *barre* et le *guidon.*

---

(1) Cette seconde manière de former la clef de *fa*, se rencontre dans les anciens livres liturgiques.

Exemple.

Barres. *Guidons.*

La petite *barre* sépare les mots entre eux ; la grande se place à la fin des phrases ; et dans les Hymnes et Proses, elle se met après chaque vers. Les deux *barres* se placent à la fin des morceaux ; elles servent aussi à diviser les différentes parties d'un même morceau, par exemple un répons d'avec son verset.

Le *guidon* se place au bout de chaque portée ; il indique quelle sera la première note de la portée suivante. On en trouvera de nombreux exemples dans les Exercices.

Pratique de ce chapitre.

L'OBJET de ce chapitre étant d'apprendre à l'élève à lire le plain-chant sans chanter, et cette lecture reposant principalement sur la connoissance des clefs, l'élève doit s'appliquer à connoître le nom des notes, au moins sur toutes les clefs usitées. Il ne devra pourtant pas apprendre toutes ces clefs à la fois, mais successivement, de sorte qu'il n'en quitte jamais une sans la posséder parfaitement. On pourra commencer par la clef d'*ut* sur la 4e ligne. Voici quelques moyens qu'on pourra mettre en usage pour cette étude.

1° Ecrire soi-même quelques notes, puis leur donner leurs noms, ce qu'on pourra faire sur l'exemple ci-dessous (1) ; ou bien écrire d'abord les noms de quelques notes sous la portée, pour placer ensuite les points vis-à-vis de ces noms. Exemple : (2)

mi la ré sol si fa ut

2° Etudier les différens exercices de la clef à la connoissance de laquelle on s'applique. On pourra lire successivement les seize premiers N.os des Exercices, et s'ils ne suffisent pas on se servira d'un livre de chant quel qu'il soit.

3° On pourra adopter pour les enfans une opération plus matérielle, en quelque sorte, et par conséquent, plus à leur portée. Elle consisteroit à leur faire envisager leurs quatre doigts comme les quatre lignes de la portée, leur faisant donner à chaque doigt le nom de la note posée sur la ligne que ce doigt représente. Ainsi, pour apprendre la clef d'*ut* sur la 4.e ligne, ils appelleroient le petit doigt *re*, le suivant *fa*, le 3.e *la*, et l'index *ut*. Ils donneroient de même le nom qui conviendroit aux intervalles des doigts. Cet exercice, tout enfantin qu'il paroît, et qu'il est en effet, pourroit encore quelquefois être profitable à ceux qui ne sont plus enfans.

Quand l'élève connoîtra parfaitement toutes les clefs, au moins usitées, et qu'il lira facilement sur chacune d'elles, il passera au second chapitre.

¶ (1) *Observations sur l'utilité des Clefs.*

On demande quelquefois si une seule clef, dans le plain-chant, ne suffiroit pas; et pourquoi tant de clefs différentes.

Premièrement, cette multiplicité est une suite nécessaire de la variété des huit *modes*, puisque, comme on le verra plus bas, au tableau des *modes*, chacun d'eux a son étendue fixée d'une manière particulière; et que si l'on employoit uniquement, par exemple, la clef d'*ut* sur la 4e ligne, elle ne pourroit pas fournir l'étendue propre à certains modes, comme du *fa* d'en bas à celui d'en haut, ou de *sol* à *sol*.

En second lieu, comme chaque genre de voix a aussi une étendue différente de sons, soit graves soit aigus, il étoit nécessaire que chacun de ces genres eût sa clef particulière qui pût lui fournir son étendue respective.

Exemple, où l'on voit l'étendue de la voix la plus grave et celle de la voix la plus aiguë.

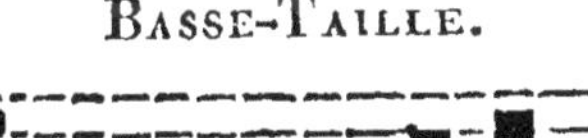

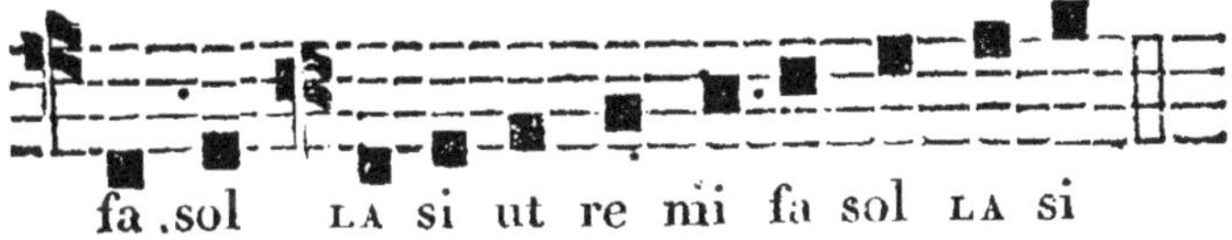

(1) Les commençans feront bien de ne point s'arrêter à ce qui est renfermé entre deux ¶ ¶.

HAUTE-CONTRE.

On a pu remarquer dans cet exemple que le *la* est ordinairement le terme de la voix humaine dans le grave comme dans l'aigu. C'est, sans doute, pour cette raison, comme nous le verrons plus bas, que les anciens l'avoient représenté par la première lettre de l'alphabet. De là aussi est venu l'usage de fixer le diapason (1) sur cette note.

Troisièmement, les clefs sont la source des *transpositions*, dont nous montrerons plus tard l'utilité.

Quatrièmement enfin, elles font éviter de défigurer l'écriture du plain-chant par des points trop supérieurs ou trop inférieurs à la portée. Voyez Exercices Nos 15 et 16. Ce changement de clef a lieu dans les livres Romains et Sénonois.

Remarques historiques sur tout ce chapitre.

Les anciens ne connoissoient pas nos sept syllabes *ut*, *re*, *mi*, *fa*, *etc.*; ils se servoient des sept lettres A, B, C, D, E, F, G: l'A répondoit à notre *la*, le B à notre *si*, le C à notre *ut*, et ainsi de suite, jusqu'au G qui représentoit le *sol*. Ils n'écrivoient pas sur quatre lignes comme

---

(1) Le diapason est un instrument d'acier, destiné à donner un son fixe et invariable; ce qu'on ne pourroit obtenir d'un instrument à corde ou à vent.

nous ; mais ils mettoient ces lettres au-dessus des mots, de cette manière : les sons graves étoient désignés par des lettres majuscules, et les aigus par des minuscules, qu'ils doubloient pour les sons plus élevés encore. Voici donc, à peu près, quelle étoit leur échelle : A, B, C, D, E, F, G, *a*, *b*, *c*, *d*, *e*, *f*, *g*, *aa*, *bb*, etc.

Quelques églises, comme celle de Paris, ont conservé l'usage des lettres pour désigner la terminaison dans la psalmodie.

La manière de noter qu'avoient adoptée les anciens, joint à beaucoup d'autres difficultés, tant dans la théorie que dans la pratique, rendoit l'étude du plain-chant fort pénible et fort longue. Aussi un bon Chantre étoit-il, du temps de Charlemagne, un homme rare et précieux.

Ce fut vers l'an 1028, sous le règne du roi Robert, que le moine Guy d'Arezzo inventa la nouvelle méthode, au sujet de laquelle il dit : » *J'espère que ceux qui viendront après nous* » *prieront Dieu pour la rémission de nos péchés,* » *puisqu'au lieu qu'en dix ans à peine pouvoit-* » *on acquérir une science imparfaite du chant,* » *nous faisons un chantre en un an, ou tout* » *au plus en deux.* » Les six syllabes *ut*, *re*, *mi*, *fa*, *sol*, *la*, sont tirées des trois premiers vers de l'hymne de saint Jean-Baptiste, *Ut queant laxis*. Le chant de cette hymne, qui a été trouvé dans la bibliothèque du Chapitre de Sens, et qui paroît plus ancien que Guy, offre en effet une progression de six cordes sur les syllabes dont il s'agit. (V. Exerc. N.° 8.)

Ce fut Guy pareillement qui imagina de représenter ces syllabes sur une échelle, par des points dont une clef déterminoit le nom. Cependant cette clef se désignoit toujours par une lettre. Il paroit qu'il admettoit la clef de *sol*, qui n'existe plus maintenant que dans la musique.

G C F

Il restoit pourtant encore, dans le système de Guy, des difficultés assez considérables. Il n'avoit point de *si*; on est curieux de savoir ce qu'il faisoit de la lettre B, et c'est là que sa méthode devenoit un peu embrouillée. Il avoit figuré une table à trois lignes, dont la première s'appeloit la clef du B mol, la seconde la clef de nature, et la troisième la clef du B carre.

	Bémol	nature	Bécarre.
a	mi	la	re
G	re	sol	ut
F	ut	fa	.
E	.	mi	la
D	la	re	sol
C	sol	ut	fa
B	fa	.	mi
A	mi	la	re

On chantoit ordinairement sur la seconde ligne; et on passoit de-là dans la première ou dans la troisième, selon que ce que nous appelons aujourd'hui le *si* étoit bémol ou naturel. D'après ces règles, c'est ainsi que l'on chantoit la gamme d'*ut*.

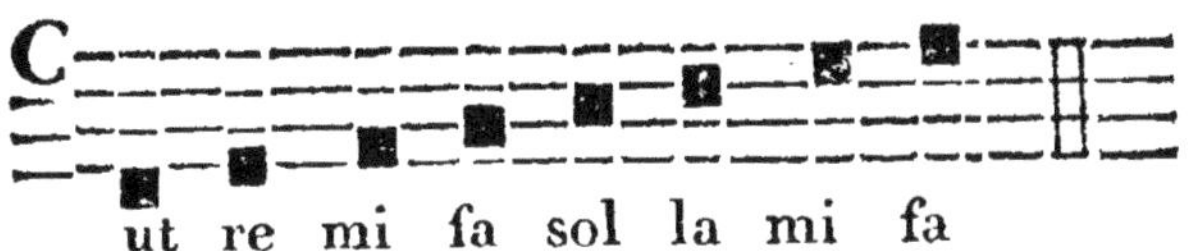

Cette table donne l'intelligence de ce qu'on entend dire quelquefois : *A mi la*, *D la re*; expressions qui bien souvent ne sont pas comprises par ceux qui s'en servent.

Il faut que l'invention de la note *si* soit de beaucoup postérieure à Guy d'Arezzo, puisqu'un *Catéchisme des Clercs*, imprimé vers 1630, leur recommande d'adopter la nouvelle méthode de chanter avec le *si*; ce qui prouveroit que cette syllabe n'étoit pas encore alors reçue partout, au moins pour le plain-chant.

CHAPITRE SECOND.

De l'intonation du plain-chant.

L'ÉLÈVE étant parvenu à lire le plain-chant avec facilité, il est temps qu'il ne se contente plus de cette simple lecture, et qu'il commence à chanter; c'est ce qu'on appelle l'*intonation*.

Entonner une pièce de chant, c'est lui donner

le *ton* qui lui convient; c'est ce qu'indique assez le mot *intonation*. Mais en quoi consiste ce *ton?* que signifie ce mot *ton?* Ce chapitre sera consacré à le faire comprendre.

Le mot *ton* se prend dans plusieurs acceptions.

1° On l'emploie pour désigner le *son* qu'on doit donner à une note prise isolément. C'est dans ce sens qu'un maître dit à son élève : *P enez mon ton*; *Vous ne saisissez pas le ton*. Il diroit plus exactement : *Prenez mon son; Vous ne saisissez pas le son.*

On s'en sert, en second lieu, pour désigner la différence que la voix doit mettre entre le *son* d'une note et celui d'une autre : par exemple, du *son d'ut* à celui de *re*. C'est là le *ton* proprement dit et la seule véritable signification de ce mot.

Enfin on appelle encore *tons* certaines manières de composer, qui exigent, chacune, des tours de phrase particuliers et qui ont des chûtes déterminées. C'est ainsi qu'on dit le *septième ton*, le *huitième ton*, etc. : on devroit dire le *septième mode*, le *huitième mode*. En un mot :

Le *son* se rapporte à chaque note prise isolément.

Le *ton* proprement dit résulte de la comparaison de deux sons.

Le *mode* est déterminé par la comparaison des phrases ou suites de notes qui composent un morceau de chant.

Cela posé, on conçoit facilement que la science de l'*intonation* consiste en trois choses :

1° A saisir un *son* isolé. Nous en dirons un mot dans un premier article.

2° A trouver par soi-même le son d'une seconde note, une fois suggéré celui de la première. C'est ce qu'on apprendra dans un second article qui parlera du *ton* proprement dit.

3° Enfin à pouvoir commencer un morceau quelconque, sans même qu'il soit besoin que le son de la première note soit suggéré. On ne peut pousser plus loin la science de l'*intonation ;* un troisième article proposera des règles pour cet objet, en donnant quelques notions sur les *modes*. C'est ainsi que l'Élève acquerra dans ces trois articles des connoissances suffisantes pour être en état de commencer et de poursuivre par lui-même toute pièce de chant, c'est-à-dire, de chanter sans le secours du maître.

ARTICLE Ier. *Des Sons.*

Ce court article ne regarde que le maître. Ce que celui-ci doit faire ici, c'est de suggérer à l'élève plusieurs sons les uns après les autres; et pour cela, il pourra chanter avec lui les premiers Exercices, ou même des morceaux plus difficiles, le faisant suivre à l'écho, pour lui former l'oreille. Il observera de lui faire bien prolonger ses notes, pour lui faire acquérir une grande justesse de sons ; ce qui est essentiel, et ce en quoi consiste toute la pratique de cet article.

Il est bon de remarquer que c'est ici le lieu de discerner ceux qui sont incapables de jamais chanter, auxquels par conséquent il faut faire abandonner l'étude du plain-chant, puisqu'ils y perdroient leur temps et leur peine. Si un élève ne saisit aucunement les sons qui lui sont proposés; si, après des tentatives réitérées il ne peut absolument y parvenir, cela prouve qu'il n'a pas d'oreille; il ne chantera jamais, il faut qu'il y renonce, surtout s'il n'est plus jeune; car quelquefois ce qu'on n'avoit pu saisir dans l'enfance, on le saisit avec facilité lorsque les organes sont formés.

Article II. *Du Ton proprement dit.*

Le *ton* proprement dit est la différence qui existe entre le son d'une note et celui d'une autre. Cette différence offre à l'oreille quelque chose de complet, comme *ut - re ;* ou d'incomplet, comme *mi - fa ;* dans le premier cas on l'appelle un *ton ;* dans le second cas, on l'appelle un *demi-ton.*

Cette différence peut se rencontrer entre deux notes qui se succèdent immédiatement, comme *ut - re, re - mi,* etc. C'est ce que nous verrons en parcourant la *gamme.* Ou bien entre deux notes qui ne se succèdent pas immédiatement, comme *ut - mi, ut - fa,* etc. C'est ce qu'on appelle des *intervalles.*

§. I. *De la Gamme, et des tons qui s'y rencontrent.*

On entend par *gamme* ou *octave*, une suite immédiate de huit notes, comme *ut re mi fa sol la si ut.*

¶ Pour connoître l'étymologie du mot *gamme*, il suffit de jeter les yeux sur la table de Guy, que nous avons donnée ci-dessus. On y verra que dans la clef du bécarre, la note *ut* que Guy avait choisie pour base de sa nouvelle *octave*, est représentée par le G. Or, cette lettre dans l'alphabet grec s'appelle *gamma*. ¶

Toute *gamme* ou *octave* renferme cinq tons et deux demi-tons. Les cinq tons se rencontrent d'*ut* à *re*, de *re* à *mi*, de *fa* à *sol*, de *sol* à *la* et de *la* à *si*; les deux demi-tons se trouvent de *mi* à *fa* et de *si* à *ut*. Ce seroit la même chose si l'on partoit de l'*ut* d'en haut; il y auroit de même un ton d'*ut* à *re*, un autre de *re* à *mi*, etc. Les espaces demeurent aussi les mêmes lorsqu'on descend.

Exemple.

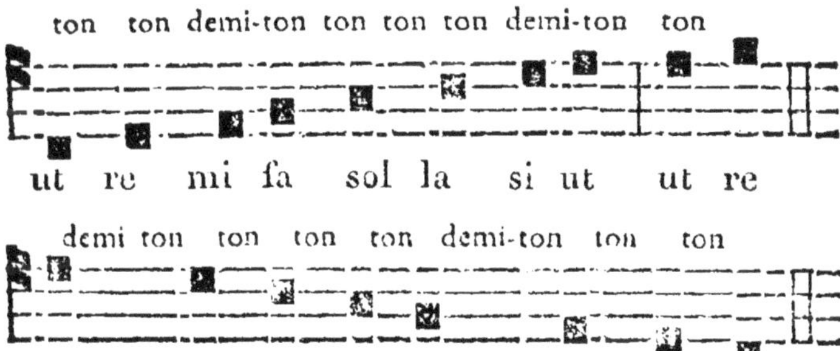

Il est très-important que l'élève sente parfaitement la différence qu'il y a entre un ton et un demi-ton ; il faut aussi que son oreille et sa voix sachent en faire le discernement d'une manière imperturbable ; c'est là l'unique but de ce paragraphe. Pour atteindre ce but, on pourra se servir des deux moyens suivans.

Le premier sera de chanter plusieurs fois la gamme d'*ut*, et très-lentement. (*V. Exerc.* n° 1.) Il faudra accoutumer l'oreille de l'élève à trouver par elle-même le son des autres notes de la gamme, après lui avoir suggeré celui d'*ut*.

Le second consistera dans l'opération suivante. L'élève, après avoir chanté la gamme sur la base *ut*, en montant et en descendant, la chantera aussi successivement sur les notes *re*, *mi*, *fa*, etc., auxquelles au fur et à mesure qu'il les établira pour base d'une nouvelle gamme, il aura soin de donner le même son qu'il aura donné à l'*ut* en commençant ; de manière pourtant à laisser les demi-tons toujours du *mi* au *fa* et du *si* à l'*ut*. Un exemple rendra la chose sensible.

Exemple.

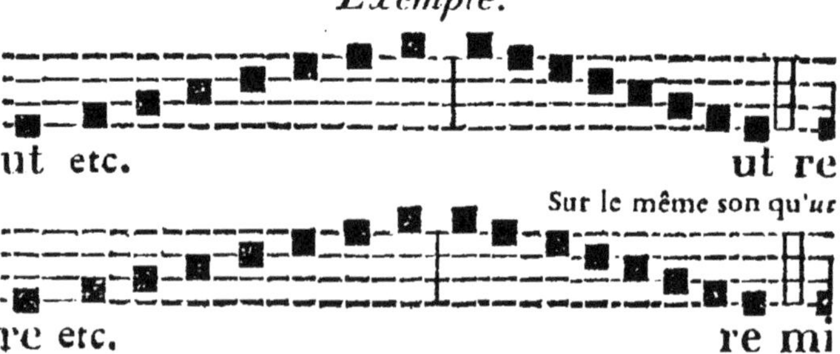

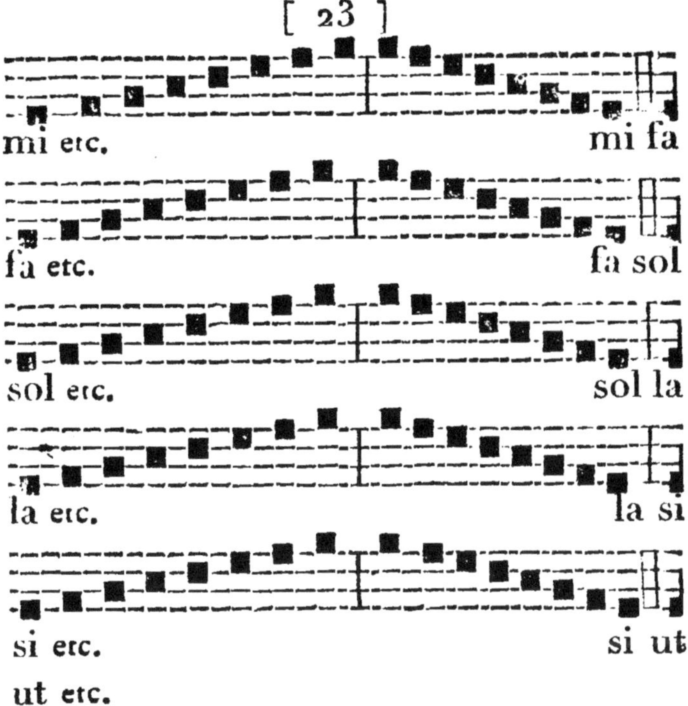

Il est facile de voir qu'un tel exercice forcera l'élève de s'écouter, et de se rendre compte à lui-même de ses tons et demi-tons ; ce qui ne contribuera pas peu à empêcher la routine.

Des Accidens.

Cette suite de tons et de demi-tons que nous avons remarquée dans la gamme, est l'ordre naturel ; mais il peut être changé. Cela se fait par le moyen de deux *accidens*, dont l'un abaisse d'un demi-ton la note à laquelle il est appliqué, et s'appelle *bémol ;* l'autre l'élève au contraire d'un demi-ton, et s'appelle *dièse*. Le *bécarre* sert à remettre dans l'ordre naturel la note élevée par le *dièse* ou abaissée par le *bémol.*

Figures du *Dièse* ✱ du *Bémol* ♭ du *Bécarre* ♮

Emploi de ces différens signes.

Quand un bémol ou un dièse est placé immédiatement après la clef, il affecte toutes les notes qui sont sur la corde où il est placé ; à moins que son effet ne soit interrompu par un bécarre. Ainsi, dans l'Exercice n° 9, le bémol placé sur la corde *si* indique qu'il faudra abaisser d'un demi-ton tous les *si* qui se trouveront dans la ligne.

¶ *Note historique sur le bémol, le bécarre et le dièse.*

Les anciens reconnoissoient comme nous, au moins implicitement, l'ordre naturel des tons et demi-tons. Mais une seule note chez eux étoit regardée comme susceptible de changement ; c'étoit le B (notre *si*) ; et ils l'appeloient pour cette raison la *corde variable.* Quand ils vouloient désigner le B dans sa position plus rapprochée du C, (nous parlons d'un rapprochement de sons) ils le figuroient d'une manière carrée (♮), à peu près comme notre bécarre; et alors c'étoit le *B dur*, le *B carré*, pour montrer qu'il falloit donner à cette note toute son extension. Quand, au contraire, ils vouloient le rapprocher de l'A, ils lui donnoient une forme arrondie (♭), et ils l'appeloient *B rond*, *B mol*, c'est-à-dire B amolli, B adouci.

En regardant le tableau de Guy d'Arezzo, on a vu que le B représentoit quelquefois le *mi*, savoir dans *la clef du bécarre*. Ceux donc qui vinrent après Guy, ayant imaginé de faire varier le *mi* comme le *si*, il leur sembla tout naturel de se servir des anciennes expressions par lesquelles on avoit accoutumé de désigner la corde variable, et ils dirent *mi bémol*, *mi bécarre*. On a été plus loin dans la musique, et on a appliqué ces expressions à toutes les notes; ainsi on a dit: *la bémol*, *re bémol*, *etc.*, comme si ces mots *bémol* et *bécarre* eussent été des noms communs, propres à désigner toute corde variable. Et par une nouvelle extension, non contens de nous servir du *bécarre* pour remettre dans l'ordre naturel les notes baissées par le *bémol*, nous l'avons encore appliqué aux notes élevées par le *dièse*. C'est dans ce sens plus étendu, que nous avons conservé le nom et la figure du *bémol* et du *bécarre*.

Les anciens n'avoient d'autre *dièse* que leur

B carré, puisqu'ils appeloient toutes les autres notes *tons fixes* ou *invariables*. Et même à présent, il y a encore bien peu de livres de chant où l'on rencontre le *dièse*; ce qui n'empêche pas qu'on ne le fasse dans l'exécution, lorsque le goût l'exige. C'est ainsi que dans la prose *Lauda Sion*, par exemple, tout le monde hausse le *fa* qui est à la fin de chaque strophe, sans que le *dièse* soit écrit.

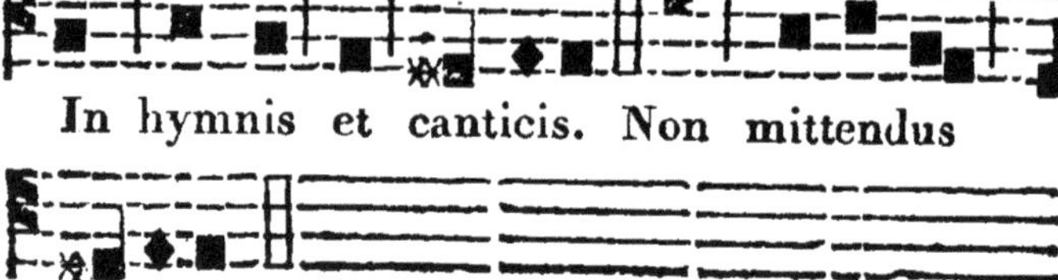

canibus.

Le mot *dièse* est un mot grec (*dièsis*) qui signifie *transport*, *élévation*. ¶.

---

§. II. *Des intervalles, et des tons dont ils sont composés.*

Les *intervalles* sont au nombre de sept dans la gamme, savoir : la *seconde*, la *tierce*, la *quarte*, la *quinte*, la *sixte*, la *septième* et l'*octave*.

Exemple.

On en trouveroit encore d'autres, en sortant des bornes de la gamme, tels que la *neuvième*, la *dixième, etc.*; mais on ne les voit jamais dans le plain-chant. La *septième* même s'y rencontre fort rarement.

Remarquez que, pour compter un intervalle, il faut envisager comme première la note d'où l'on part. Ainsi pour compter l'intervalle *ut-fa*, on dira *ut première, re seconde, mi tierce* ou *troisième, fa quarte* ou *quatrième*. *Fa* est donc la quarte d'*ut*; l'intervalle *ut-fa* est donc une *quarte*.

Sans nous étendre sur la théorie des autres intervalles, nous allons donner sur la *tierce* quelques notions particulières, nécessaires pour entendre l'article qui traite des *modes*.

Il y a deux sortes de tierces, l'une *majeure* et l'autre *mineure*. La tierce *majeure* est celle qui est composée de deux tons, comme *ut-mi*, *fa-la, etc.*; la tierce *mineure* est composée d'un ton et d'un demi-ton. Celle-ci peut être *directe* ou *inverse*: elle est *directe*, lorsque le ton se trouve entre la première et la seconde note, et le demi-ton entre la troisième et la quatrième, comme *la-ut*, où l'on voit que le *ton* se rencontre de *la* à *si*, et le *demi-ton* de *si* à *ut*; elle est *inverse*, lorsque cet ordre est renversé, comme dans la tierce *mi-sol*, où l'on rencontre d'abord le demi-ton de *mi* à *fa*, et le ton ensuite de *fa* à *sol*.

Pratique.

Pour s'accoutumer à saisir les différens intervalles, on s'exercera à chanter les sept premiers N^{os} des Exercices. On y demeurera autant qu'il le faudra pour les savoir parfaitement, et pour les entonner tous avec justesse et facilité. Il est bon aussi de retenir le nom de tous ces intervalles, cela pourra servir dans l'article qui suit. Quand on saura imperturbablement ces premiers Exercices, on fera bien de chanter les N^{os} suivans, qui sont plus considérables, et même toutes sortes de morceaux de plain-chant, pourvu que le maître continue toujours de suggérer la première note.

Moyen pour exécuter facilement le dièse et le bémol.

1° *Pour le dièse.* Ou la note qui en est affectée est inférieure à celle qui la précède, comme *la* — ✻ *sol*, dans l'exemple ci-dessus aux *accidens;* ou elle lui est supérieure, comme *la* — ✻ *ut*, dans l'exemple (a) ci-après. Dans le premier cas, l'exécution du dièse est facile, en ce que c'est une chose très-aisée pour la voix de ne descendre que très-peu sur la note diésée; et si on y éprouvoit quelque difficulté, comme ce sont bien souvent les syllabes qui effrayent, on pourroit y substituer les syllabes *fa* — *mi;* ce qu'on a pu remarquer plus haut. Dans le second cas, vous monterez d'abord sur la note qui se trouve immédiatement au-dessus du dièse, comme il est indiqué dans l'exemple ci-après ; et sans vous arrêter sur cette note préparatoire, vous descendrez de suite sur votre note diésée ; c'est ainsi que vous rentrez dans le premier cas.

Pour le bémol, c'est tout le contraire ; c'est-à-dire que, si la note bémolisée est au-dessous de la précédente, comme *ut* ▬ ♭ *si*, vous la ferez plus facilement, en descendant d'abord sur le *la* pour monter de suite sur le *si* bémol. Voyez l'exemple ci-dessous (b).

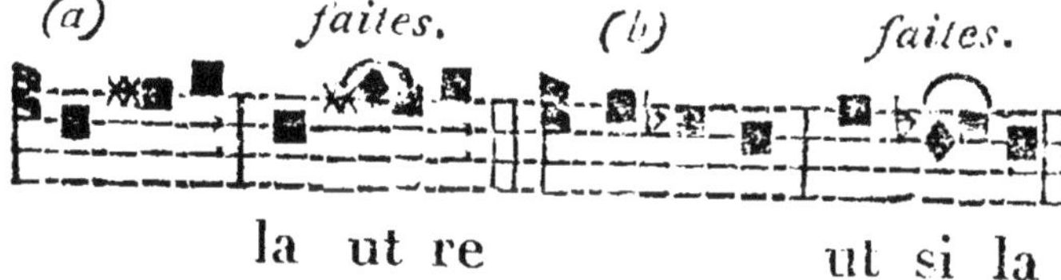

Observez qu'il ne faut prononcer aucune syllabe de plus, mais que le son préparatoire se fait sur la syllabe même qui est diésée ou bémolisée.

Avant de passer à ce qui regarde les *modes*, l'élève fera bien de commencer à appliquer la parole. Cet exercice pourra corriger la sécheresse des autres, contribuera beaucoup à fortifier les commençans dans ce qu'ils ont déjà appris, et les accoutumera peu à peu à chanter sans le secours des syllabes *ut re mi fa*, etc. On pourroit encore ici diviser la difficulté, et commencer par prononcer *a* seulement sur toutes les notes. Ainsi, pour chanter, par exemple, ce passage, 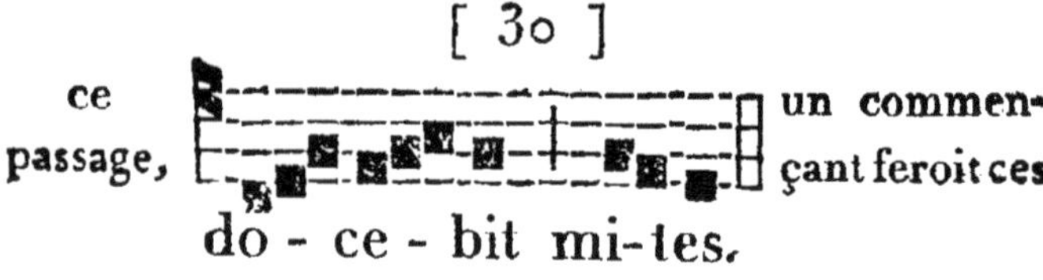

un commençant feroit ces quatre opérations.

1° une simple lecture.

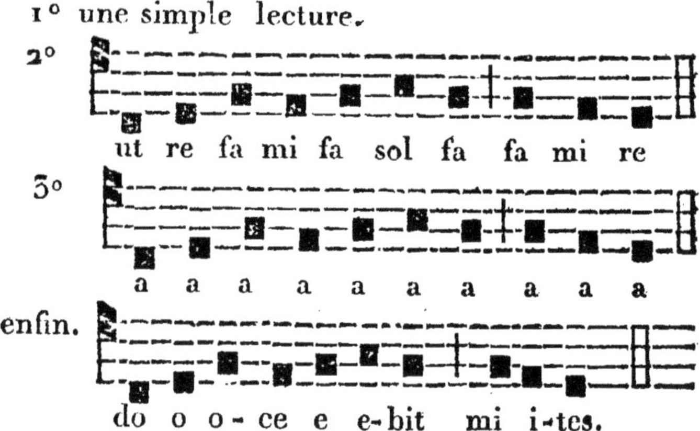

L'élève ne se pressera pas d'abandonner ces trois opérations préliminaires ; il les appliquera à chaque morceau qu'il chantera, jusqu'à ce qu'il se soit un peu fortifié dans le chant de la parole.

Article III. *Des Modes.*

Nous avons dit plus haut que l'on entendoit par *modes* certaines manières de composer, dont chacune exige des tours de phrases qui lui sont particuliers, et a sa chute pareillement déterminée. Ces tours de phrases s'appellent *modulations*, et la note sur laquelle on fait la chute propre à chaque mode, s'appelle *finale.*

Tout morceau de plain-chant est composé dans

un des modes dont nous parlerons tout à l'heure ; et c'est la *finale*, c'est-à-dire la dernière note du morceau, qui doit faire connoître à quel mode il appartient. C'est pour cette raison qu'on appelle aussi cette même note *tonique*, c'est-à-dire, note du *ton*, ou plutôt note du *mode*, parce qu'elle est la principale de tout le mode, et que l'oreille s'arrête sur elle d'une manière plus complète et plus parfaite. Voyez l'exemple ci-dessous.

Il n'est pas nécessaire que chaque *modulation* ait sa chute particulière sur la *tonique*; car alors il n'y auroit dans un morceau que des repos parfaits. Mais les autres notes pouvant devenir la base des modulations, forment ainsi des repos imparfaits. Ainsi, dans l'exemple ci-dessous, on rencontre d'abord une modulation accidentelle en *la* ; plus loin, c'en est une autre en *fa* ; plus loin en *ut*. Cette réflexion servira beaucoup à ceux qui désirent faire du contrepoint ou simple ou fleuri. Ils sauront que lorsqu'il se présente une modulation qui a sa chute particulière, il faut oublier la *finale* générale du mode, pour ne penser qu'à celle qui se présente actuellement, et pour diriger les accords vers ce but.

L'*accord parfait* consiste dans la réunion de la *tonique*, de la *tierce*, et de la *quinte*. On l'appelle ainsi, soit parce qu'il comprend les notes principales du mode, soit parce que, lorsque l'on chante ensemble ces différentes notes, il en résulte une harmonie qui offre quelque chose de parfait et de complet.

Division primitive des Modes.

On distingue généralement deux modes, l'un *majeur*, l'autre *mineur*. Le mode *majeur* est celui dont la tierce est majeure; ainsi le mode d'*ut* est majeur, parce que sa tierce *ut-mi* est majeure.

Le mode *mineur* est celui dont la tierce est mineure, soit directe, comme le mode de *la*, dont la tierce *la-ut* est mineure directe, soit inverse, comme le mode de *mi*, dont la tierce *mi-sol* est mineure inverse. (1).

(1) Les anciens appeloient le mode majeur, *oxypycnus*, c'est-à-dire, celui dont les sons aigus sont rapprochés (*densus in alto*), celui où le demi ton se trouve après la tierce, comme *ut — re — mi — fa*; le mode mineur direct, *mesopycnus*, parce qu'alors le rapprochement des sons se trouve au milieu (*densus in medio*), comme *la—si-ut—re*; le mode mineur inverse, *barypycnus*, c'est à-dire, celui où les notes graves sont resserrées (*densus in gravi*), comme *mi-fa — sol—la*.

D'après cette division générale des modes, on conçoit qu'il pourroit y avoir autant de modes qu'il y a de notes, puisque chaque note est susceptible d'être établie base et finale d'un mode. C'est ainsi que l'on pourroit établir un mode majeur sur la finale *ut*, un mode mineur direct sur la finale *re*, un mode mineur inverse sur la finale *mi*, un mode majeur sur la finale *fa*, et ainsi de suite; ce qui donneroit sept modes. Les anciens en ont rejeté un qui leur a paru trop dur, savoir, le mode mineur inverse de *si*, et ils ont admis les six autres sur les finales *re*, *mi*, *fa*, *sol*, *la* et *ut*. Mais comme il y avoit deux manières de placer les modulations, soit toutes au-dessus de la tonique, comme dans l'Exercice n° 25; soit les unes au-dessus, et les autres au-dessous, comme dans l'Exercice n° 26; on fit deux modes sur chaque finale; l'un qu'on appela *supérieur*, parce que toutes les modulations y sont supérieures à la finale; l'autre *inférieur*, parce qu'il admet des modulations au-dessous de la finale. Les *supérieurs* se nommoient aussi *authentes*, *maîtres*; les *inférieurs*, dont on n'avoit fait usage qu'après les premiers, étoient appelés *plagaux* et *disciples*. Il y eut donc douze modes, six supérieurs et six inférieurs; ces douze modes portèrent le nom des provinces où ils avoient pris naissance.

Tableau des douze Modes anciens.

Modes authentes.	*Modes plagaux.*
1. D. re dorien.	2. D. re hypo-dorien (1).
3. E. mi phrygien.	4. E. mi hypo-phrygien.
5. F. fa lydien	6. F. fa hypo-lydien.
7. G. sol mixolydien.	8. G. sol hypo-mixolydien.
9. A. la éolien.	10. A. la hypo-éolien.
11. C. ut ïonien.	12. C. ut hypo-ïonien.

Les modernes ayant remarqué que le 9e mode étoit semblable au 1er, le 10e au 2e le 11e au 5e, et le 12e au 6e, ont réduit les modes au nombre de huit, et ils ont appelé les quatre autres *modes irréguliers*. C'est ainsi que le 9e mode des anciens s'appelle aujourd'hui 1er *irrégulier*, etc. V. Exerc. nos 10, 12 et 13.

Division actuelle des Modes.

1° Il y a actuellement dans le plain-chant huit modes, tant majeurs que mineurs.

2° Ils se divisent en quatre *supérieurs* et quatre *inférieurs*. Les finales des quatre modes supérieurs sont *re*, *mi*, *fa*, *sol*; l'accord parfait qui doit désigner l'étendue des modes supérieurs, se commence sur la finale elle-même: ainsi l'accord parfait qui désigne le premier mode est celui-ci: *re fa la re*. Voy. le tableau ci-dessous. Les modes inférieurs sont sur les mêmes finales *re*, *mi*, *fa*, *sol*; mais leur accord parfait se commence plus bas que la finale,

(1) C'est-à-dire, sous-dorien, *dorien inférieur*.

sur la quinte du mode : ainsi l'accord parfait qui désigne l'étendue du second mode est celui-ci : *la re fa la*. Voyez le même tableau.

3° Les modes supérieurs sont les quatre *impairs*, savoir le 1er, le 3e, le 5e et le 7e. Les inférieurs sont les quatre *pairs*, savoir le 2e, le 4e, le 6e et le 8e.

4° On appelle *compairs* les deux modes qui sont sur la même finale ; ainsi le 7e et le 8e sont des modes *compairs*.

5° On donne le nom de *mixtes* aux pièces de chant qui comprennent et les modulations supérieures du mode impair, et les modulations inférieures du mode pair.

TABLEAU des huit Modes et de leur étendue respective.

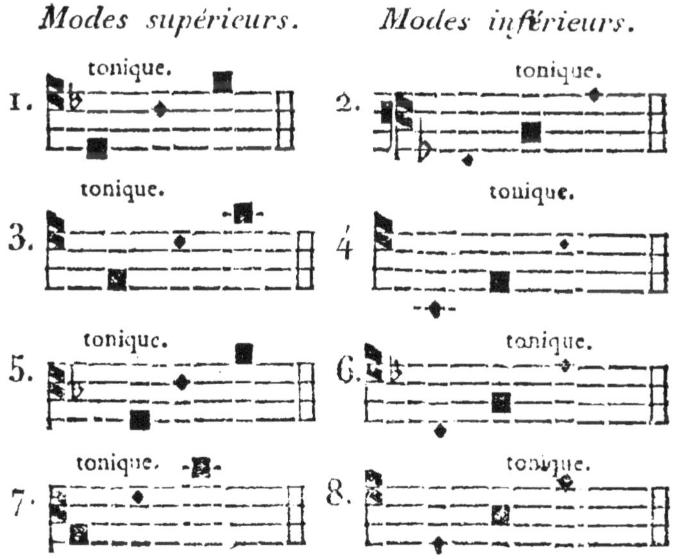

Accords parfaits.

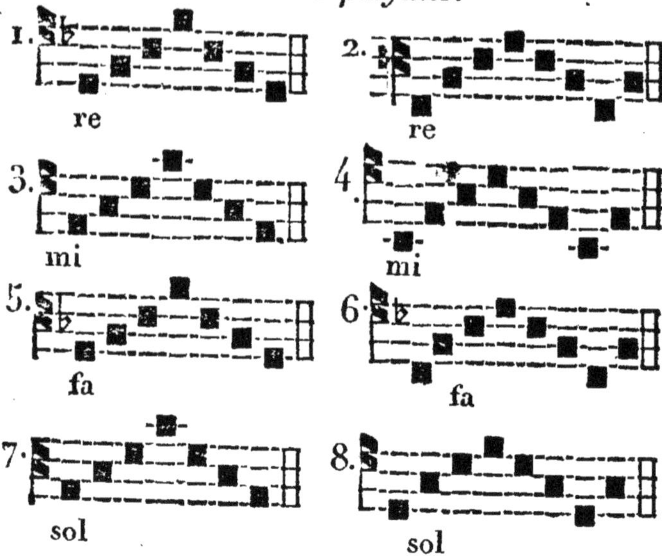

Voici les épithètes qu'on a données à chacun des huit modes, et par lesquelles on a prétendu les caractériser : *primus, gravis; secundus, tristis; tertius, mysticus; quartus, harmonicus; quintus, lætus; sextus, devotus; septimus, angelicus; octavus, perfectus.* Le premier mode, grave; le second, triste; le troisième, mystique; le quatrième, harmonieux; le cinquième, gai; le sixième, dévot; le septième, angélique; le huitième, parfait.

PRATIQUE:

I° Pour commencer un morceau de chant d'une manière convenable, il ne faut le prendre ni trop haut ni trop bas, c'est-à-dire, qu'il faut savoir mesurer l'étendue de sa voix sur l'étendue du morceau qu'on doit exécuter. Voici deux règles à cet effet.

Première Règle. *La finale des modes impairs se prend dans le bas de la voix.* La raison de cette règle est que, dans les modes impairs, la tonique se trouve être à peu près la note la plus grave, comme on a pu le voir dans le tableau ci-dessus; ensorte que si on prenoit cette tonique dans le haut de la voix, il seroit impossible d'éxécuter les notes qui se trouvent une octave au-dessus.

Seconde Règle. *La finale des modes pairs se prend dans le médium de la voix.* La tonique des modes pairs se trouve au milieu de l'étendue du mode; de sorte, qu'en la prenant dans le médium de la voix, on se réserve de quoi fournir également dans le haut et dans le bas.

Le mode est ordinairement indiqué par un chiffre au commencement ou à la fin de chaque morceau.

II° Après qu'on a trouvé le son de la tonique, il est bon de faire la gamme de cette tonique, afin de bien s'établir dans le mode, et pour préparer l'oreille à saisir les intervalles qui se présenteront.

Gammes pour s'établir dans chaque Mode.

III° *Unisson des modes*. Ce n'est pas assez de savoir commencer un morceau isolé, il faut encore savoir coudre ensemble les différentes pièces qui composent un office ; ce qui se fait en mettant les modes à l'*unisson*. Or, mettre les modes à l'unisson, c'est chanter sur le même degré de voix le terme grave de chaque mode. Ce terme grave est *re* dans le premier mode, *la* dans le second, etc., comme on le verra ci-dessous. Il est facile de voir que si on n'établissoit pas cet unisson, les morceaux seroient ou trop hauts ou trop bas ; ce qui arriveroit, par exemple, si, après une pièce du second mode, on en rencontroit une du septième : il y auroit en effet peu de voix assez étendues pour fournir le *la* d'en bas de la clef de *fa*, et le *sol* d'en haut du septième mode.

Termes de l'étendue des modes.

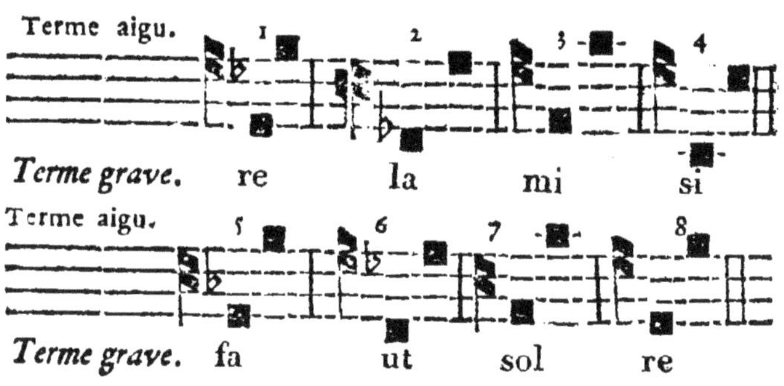

Effet de l'unisson.

IV° *Transposition des modes.* Elle consiste à changer un mode en un autre qui lui soit semblable. Elle se fait en changeant la clef, de telle manière que la tonique du nouveau mode demeure sur la même ligne que celle de l'ancien, et en ajoutant à cette clef les dièses et les bémols nécessaires pour conserver l'ordre des tons et demi-tons qui se rencontrent dans la pièce à transposer.

On trouve quelquefois le premier mode avec la

tonique *la* et la clef d'*ut* sur la seconde ligne; de même le deuxième mode en *la* (ou en A); de même encore le quatrième mode en *la*, le cinquième et le sixième mode en *ut*; ce sont tout autant de transpositions.

On peut considérer la transposition par rapport aux instrumens, ou par rapport aux voix.

1° Par rapport aux instrumens, elle est d'une absolue nécessité. Ceci suit naturellement de ce que nous avons dit ci-dessus, en faisant voir combien il étoit impossible de chanter tous les modes au naturel, et combien il étoit indispensable d'établir entre eux l'unisson. Car il est évident que pour établir cet unisson, il faudra changer le nom des notes écrites, au moins pour les instrumens. Et le seul moyen de changer leur nom sans changer leur position, c'est de les désigner par une clef supposée; opérations qui ne sont autre chose que la transposition. L'unisson des termes graves peut s'établir sur le *la*, le *si*, l'*ut*, ou même le *re*, selon la portée générale des voix, et aussi suivant l'usage des lieux. La table ci-après indique les changemens de clef, avec les additions ou retranchemens nécessaires.

Ceux qui sont chargés de diriger le chœur sont pareillement obligés de connoitre la transposition. Dans les églises où il n'y a pas d'instrumens, ils feront bien de se servir d'un *diapason* pour se régler plus sûrement. Le diapason donne ordinairement le son de la note *la*, par le moyen de la vibration des deux branches ; et on conçoit que lorsqu'on possède le son d'une note, il n'est pas difficile de trouver celui de toutes les autres dont on a besoin.

2° Si la transposition par rapport aux voix n'est pas d'une nécessité aussi indispensable que pour les instrumens, on ne sauroit nier qu'elle ne soit au moins d'une très-grande utilité. En effet, cet exercice empêche d'abord la routine ; 2° il rend familier l'usage du dièse et du bémol, qui épouvantent si facilement les voix peu exercées dans la transposition ; 3° il fait acquérir une grande fermeté et une assurance d'exécution extraordinaire. Afin donc d'obtenir tous ces avantages, l'élève, après avoir chanté un morceau quelconque dans son mode naturel, le reprendra plusieurs fois en ajoutant successivement un, deux, trois dièses à la clef ; un, deux, trois bémols à la clef ; ayant soin à chaque fois de changer la clef, afin de pouvoir donner un autre nom à la finale, sans l'ôter de la ligne où elle se trouve écrite. On fera bien de parcourir de cette sorte les huit modes du plain-chant, pour lesquels on pourra consulter au besoin le tableau suivant. Nous y avons employé l'ancienne clef de *sol* sur la seconde ligne, et nous l'avons désignée par la lettre G, selon ce que nous avons dit aux *Remarques historiques sur le premier chapitre*.

TABLEAU POUR LA TRANSPOSITION DES MODES.

SUITE DU TABLEAU.

Nous omettons les transpositions qui exigent plus de quatre dièses ou bémols à la clef. Si cependant on en avoit besoin, on pourroit suppléer à cette table, en prenant garde pourtant d'observer l'ordre suivant.

Ordre des dièses et des bémols à la clef.

Cet ordre est tellement invariable qu'on ne pourroit, par exemple, mettre un dièse continu sur le *sol*, sans en mettre en même temps sur le *fa* et sur l'*ut*. Il en est de même des bémols.

Mais on pourroit demander quelle est la raison de cet ordre, pourquoi *fa* est le premier dièse, *si* le premier bémol ; pourquoi les autres dièses sont placés de quinte en quinte en montant, tandis que les bémols sont de quinte en quinte en descendant ?

Pour satisfaire à cette question, je remarque d'abord que l'utilité des dièses et des bémols à la clef consiste en ce qu'ils donnent le moyen d'établir sur les autres notes une gamme semblable à celle d'*ut* majeur, ou à celle de *la* mineur. C'est ainsi qu'un bémol à la clef dans le cinquième mode, rend la gamme de *fa* en tout semblable à celle d'*ut* majeur ; d'où je conclus que c'est pour acquérir cette ressemblance qu'on a ajouté plus ou moins de dièses ou de bémols à la clef. Or, voici comme on a dû s'y prendre pour trouver de nouvelles gammes conformes à la gamme naturelle d'*ut*.

On a distingué dans la gamme d'*ut* deux moitiés parfaitement semblables, quant à l'ordre des tons et des demi-tons : *ut* ⊢⊣ *re* ⊢⊣ *mi*-*fa* || *sol* ⊢⊣ *la* ⊢⊣ *si*-*ut*. C'est ce que les Grecs appeloient les deux *tétracordes* (suite de 4 notes), l'inférieur et le supérieur. Cela posé, on voit aisément pourquoi nos pères ne se sont pas avisés d'abord de faire sur le *re* une première imitation de la gamme d'*ut*. Ils ont dû prendre le tétracorde déjà existant *sol* ⊢⊣ *la* ⊢⊣ *si*-*ut*, pour en faire la première moitié d'une nouvelle gamme, et ils ont dit : *sol* ⊢⊣ *la* ⊢⊣ *si*-*ut* || *re* ⊢⊣ *mi*-*fa* ⊢⊣ *sol*. Mais pour rendre le second tétracorde parfaitement semblable au premier, il a fallu éloigner le *fa* du *mi* et le rapprocher du *sol*; ce qui s'est fait en affectant le *fa* d'un dièse permanent ; et voilà le premier dièse trouvé ; *sol* ⊢⊣ *la* ⊢⊣ *si*-*ut* || *re* ⊢⊣ *mi* ⊢⊣ ♯ *fa*-*sol*. Ce premier pas une fois fait, on n'eut pas de peine à former une troisième gamme, et l'on dit bientôt : *re* ⊢⊣ *mi* ⊢⊣ ♯ *fa*-*sol* || *la* ⊢⊣ *si* ⊢⊣ ♯ *ut*-*re*. Voilà le second dièse *ut*. Même opération pour le troisième, le quatrième et tous les autres.

Pour les bémols, on n'éprouva pas plus de difficulté ; on prit le tétracorde inférieur de la gamme d'*ut*, *ut* ⊢⊣ *re* ⊢⊣ *mi*-*fa*, pour en faire la seconde moitié d'une nouvelle gamme; et on eut *fa* ⊢⊣ *sol* ⊢⊣ *la* b *si* || *ut* ⊢⊣ *re* ⊢⊣ *mi* - *fa*. Voilà le premier bémol. Ensuite toujours en reculant : b *si* ⊢⊣ *ut* ⊢⊣ *re* b *mi* || *fa* ⊢⊣ *sol* ⊢⊣ *la* b *si*. Puis : b *mi* ⊢⊣ *fa* ⊢⊣ *sol* b *la* || b *si* ⊢⊣ *ut* ⊢⊣ *re* b *mi*. Même opération pour les autres bémols jusqu'au septième. Ce qui fait voir comment les bémols s'obtinrent en reculant, tandis qu'on obtenoit les dièses en avançant.

Exemple pour les dièses.

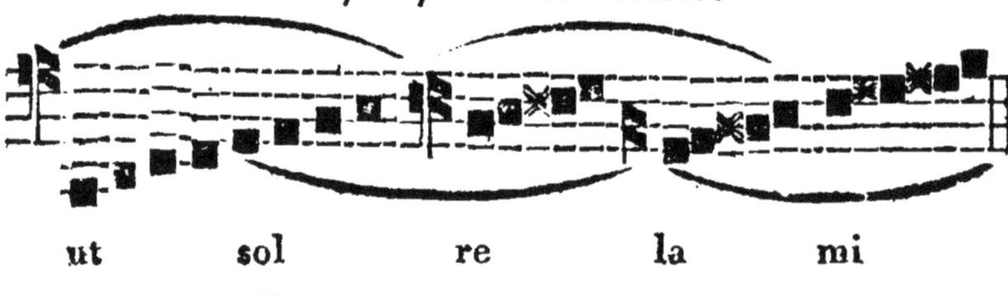

Exemple pour les bémols.

Avant de finir ce chapitre, nous indiquerons encore un moyen très-capable de fortifier les élèves, et très-propre à les intéresser; c'est le chant à plusieurs parties. On trouvera aux Exercices plusieurs pièces à deux, trois et même quatre voix; les unes sont mesurées, les autres ne le sont pas. Pour exécuter ces dernières, il faut avoir soin de bien s'entendre, afin de frapper chaque note ensemble. La lettre D veut dire *dessus ;* H-C, *haute-contre ;* T, *taille ;* B, *basse.* Ces parties peuvent absolument se mettre l'une pour l'autre, selon la portée des voix, excepté pourtant la basse qui doit toujours demeurer au-dessous de toutes les autres. Nous aurons soin d'indiquer au commencement de chaque morceau si on peut le chanter au naturel, ou s'il faut le transposer.

CHAPITRE TROISIÈME.

De la Psalmodie.

On distingue deux sortes de *psalmodie*, l'une simple et l'autre composée. Mais avant de parler de chacune en particulier, c'est ici le lieu de faire connoître deux choses qu'il faut observer dans toute psalmodie. Ce sont les repos et la quantité.

I° *Des repos.* On doit faire, au milieu de chaque verset d'un Psaume, un repos plus sensible que les autres. Ce repos principal s'appelle *médiante ;* il faut affecter de s'y arrêter quelques instans. Le milieu du verset est indiqué dans les Psautiers par un astérisque (*).

Les autres repos ne se font que pour respirer. Mais il faut éviter d'abord de reprendre haleine au milieu d'un mot. En second lieu, lorsque la longueur du demi-verset ne permet pas qu'on le chante sans respirer, on doit éviter de couper la phrase où il ne convient pas, et ne pas faire comme ceux qui, n'entendant pas le latin, diraient : *Abraham et semini* ⊢⊣ *ejus in secula. Deus in adjutorium* ⊢⊣ *meum intende. Domine ad adjuvandum* ⊢⊣ *me festina. Sede à* ⊢⊣ *dextris meis.* Au lieu de dire : *Abraham ,* ⊢⊣ *et semini ejus in secula. Deus* ⊢⊣ *in adjutorium meum intende. Domine* ⊢⊣ *ad adjuvandum me* ⊢⊣ *festina. Sede* ⊢⊣ *à dextris meis.*

II° *De la quantité.* Il faut passer légèrement sur les syllabes brèves, sans pourtant manquer de les bien prononcer, et demeurer d'une manière un peu affectée sur les syllabes longues : ce qui doit être observé, non seulement dans la psalmodie, mais aussi toutes les fois qu'on chante du latin à voix directe, comme dans les oraisons, les épîtres, etc. Maintenant, quand une syllabe est-elle brève, quand est-elle longue ? Pour decider cette question, il ne suffit pas de savoir la prosodie, puisque la quantité du chant n'est pas toujours la même que la quantité naturelle; il faut encore connoître les règles suivantes.

1° *Mots de trois syllabes.* On fait longue celle des deux premières qui est marquée de l'accent aigu, quoique quelquefois elle soit brève de sa nature : *stupébant , Dómine.* Remarquez que, même dans les mots de quatre ou de cinq syllabes, on n'a jamais égard qu'aux trois dernières pour fixer l'accent, ainsi on dit *mulíeres* et *muliéribus.*

2° *Mots de deux syllabes.* La première est toujours longue : *Díxit , Déus , cáput , fúit.*

3° *Monosyllabes.* Ils sont de deux espèces.

Les uns se rapportent au mot précédent, comme sont ordinairement ceux-ci : *me*, *te*, *se*, *nos*, *vos*, *est*, *sunt*, etc. ; *adversum-me super-vos*, *facti-sunt*, etc. D'autres se rapportent le plus souvent au mot qui les suit, comme sont ceux-ci : *in*, *à*, *ad*, *ex*, *qui*, *tu*, *es*, *non*, etc.

Ceux de la première espèce sont censés ne faire qu'un mot avec celui auquel ils sont joints, et être la dernière des trois syllabes de ce même mot, de manière pourtant qu'ils abrégent toujours la syllabe qui les précède immédiatement. Ainsi : *laudábŭnt-te*, *genŭi-te*. Un usage assez général excepte de cette règle *salvum fac.*

Ceux de la seconde espèce sont brefs quand ils sont joints à un mot de deux syllabes, et longs quand ils sont joints à un ou deux monosyllabes. Exemple : *quĭ-tímet*, *ĭn-cáput*, *ín-te-éx-hoc*, *ín-tĕ est.*

La table suivante pourra être très-utile, surtout pour la psalmodie composée ; ce qui sera dit du premier mot d'une colonne étant applicable à tous les mots de la même colonne.

1	2	3	4	5
Confitébor.	Exáudiat.	Laudáte.	Dómine.	Dixit.
Benedictus	Lætábitur.	Te décet.	Júdica.	Déus.
Adorábo.	Judica me.	Qui tímet.	Sécula.	éx hoc.
Jubiláte.	Genúi te	In íllud.	Fácti sunt.	ín te.
Miserére.	Eórum est.	est ín te.	ín te est.	Tú es.
Jubiláre.	Et fílio.			Dé te.
	Quod ín te est.			ád cor.

ARTICLE I.er *De la Psalmodie simple.*

LA psalmodie simple est celle qui se fait à voix directe, c'est-à-dire, sans élévation ni inflexion de voix, de manière qu'elle ressemble beaucoup à une simple récitation. Elle en diffère pourtant en ce que la voix est soutenue dans le chant, et ne l'est pas dans une simple lecture.

La psalmodie simple n'ayant donc d'autre ornement que l'accord des voix, il faut avoir soin de s'entendre tellement que toutes les voix n'en fassent qu'une; et pour cela il faut observer très-exactement la médiante et la quantité.

Exemple.

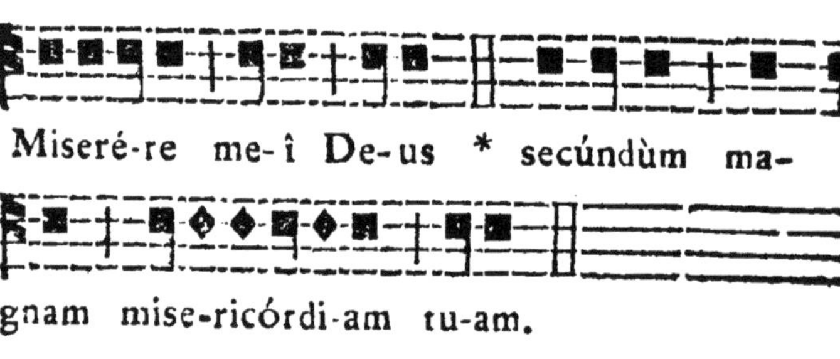

ARTICLE II. *De la Psalmodie composée.*

IL y a quatre choses à distinguer dans la psalmodie composée : l'*intonation*, la *teneur*, la *médiation* et la *terminaison*. Voici ce qu'il y a de particulier à retenir pour chacune de ces parties (1).

§. I. *De l'Intonation.*

L'intonation considérée dans la psalmodie, est la manière de commencer un Psaume ou un Cantique. Elle se fait seulement au premier verset; les versets suivans se prennent tout droit à la *dominante,* dont nous parlerons bientôt. Cependant il arrive quelquefois qu'on répéte l'intonation à chaque verset dans les Cantiques évangéliques *Magnificat* et *Benedictus.* On doit suivre en cela les usages de chaque église. A Paris, cela se fait aux fêtes solennelles et annuelles, et aussi toutes les fois qu'on touche l'orgue à ces mêmes Cantiques, quelque soit d'ailleurs le degré de la fête.

Intonations des huit Modes.

(1) Les règles que nous allons établir ne sont que pour la psalmodie régulière. Pour les modes irréguliers, il faut consulter les livres de chaque diocèse.

Parmi ces intonations, les unes sont *liées*, les autres ne le sont pas. On appelle *liées* celles où la seconde note est liée avec la troisième, comme dans le premier mode; *non liées*, celles où la seconde note est détachée de la troisième, comme dans le second mode. Il sera bon de connoître les unes et les autres, et de remarquer que si la seconde syllabe du mot est brève, on la compte pour rien dans l'intonation *liée*; exemple, *Crédidi*; tandis qu'elle entre dans la composition de l'intonation *non liée*; exemple, *Dómine*.

Les deux vers suivans aideront à retenir quels sont les modes où l'intonation est liée, et ceux où elle est détachée.

Non ligat octavus, seu quintus, sive secundus.
Verùm aliis in quinque, notas unire memento.

---

§. II. *De la Teneur.*

La *teneur* est cette partie du chant qui règne depuis l'intonation faite jusqu'à la médiation, et ensuite depuis la médiation jusqu'au commencement de la terminaison. Les syllabes qui appartiennent à la teneur se font toutes sur une seule note, qu'on appelle pour ce sujet la *dominante*. Chaque mode a sa *dominante* particulière : c'est sur ees *dominantes*, et non plus sur les finales qu'on établit l'unisson dans la psalmodie.

Dominantes des huit modes.

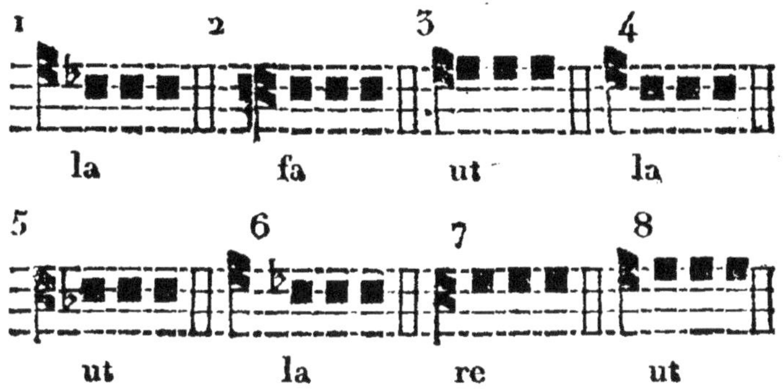

Unisson des Dominantes.

Cet unisson se prend plus haut ou plus bas, selon la portée générale des voix et le degré de la solennité.

---

§. III. *De la Médiation.*

La *médiation* est cette modulation qui termine la première partie d'un verset, et qui prépare à la médiante. Elle se fait ou par une élévation au-dessus de la dominante (a); ou par un abaissement au-dessous (b); ou enfin par les deux ensemble (c).

Exemples.

Il y a ici trois choses à observer.

1°. Si la médiation commence par une note qui monte (a), l'élévation (à moins qu'elle ne se fasse par plusieurs notes, comme dans le second mode irrégulier) ne doit point se faire sur la dernière syllabe d'un mot, ni sur une syllabe brève ; mais alors on anticipe cette élévation sur la syllabe précédente (d, e). Si au contraire la médiation commence par une note qui descend, et exige plus de deux syllabes, la syllabe brève et la dernière d'un mot se compteront et entreront dans la composition de la médiation (c).

2° Si l'avant-dernière syllabe de la première partie du verset est brève, elle n'entre point dans la formation de la médiation, elle est censée ne faire qu'une syllabe avec la suivante : (*et filio* d .)

3° Si la médiation finit par un monosyllabe ou un nom hébreu non décliné, on fait un petit changement propre à chaque mode. (f, g) On excepte de cette règle les Cantiques évangéliques, dans les modes où ils ont une médiation plus solennelle. (h)

Exemple.

Voyez, sur les différens modes, le Bréviaire de chaque Diocèse.

---

§. IV. *De la Terminaison.*

La *terminaison* est une modulation par laquelle on finit tous les versets d'un Psaume ou d'un Cantique.

On distingue trois espèces de terminaisons : les unes *incomplètes*, qui ne vont pas jusqu'à la finale du mode (a) ; les autres *complétes*, qui aboutissent à la finale (b) ; les troisièmes *plus que complètes*, qui descendent au-dessous de la finale. (c)

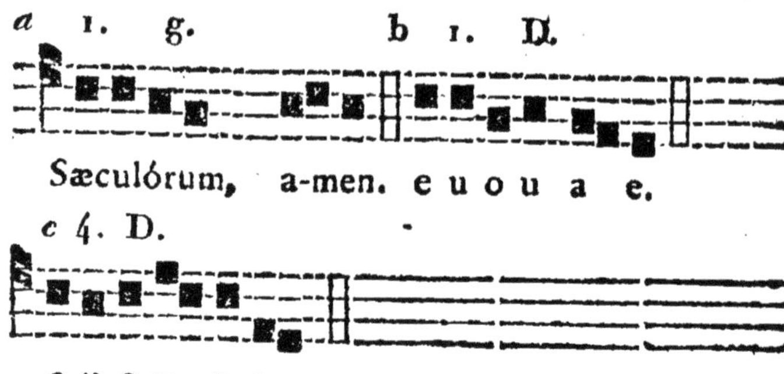

e u o u a e.

Les terminaisons se désignent dans le Parisien par les sept lettres : les complètes par des majuscules, et les autres par des minuscules (1).

Dans le Romain on les désigne toutes par des chiffres.

Il y a aussi trois choses à observer par rapport à la terminaison.

Les deux premières observations ont déjà été faites au §. III, 1° et 2°. *Voyez* aussi les exemples *d*, *e*, ci-dessous.

3° Si la seconde partie du verset est trop courte pour la terminaison : par exemple, lorsque celle-ci exige quatre ou cinq syllabes, tandis que le demi-verset n'en a que trois, on ne prend

(1) La lettre J qu'on rencontre dans le premier mode ne représente aucune note ; mais c'est seulement un I alongé, pour désigner la traînée de notes propre à cette terminaison ; c'est pourquoi on l'appelle *primus caudatus*.

alors que les dernières notes de la terminaison. (f, g.)

Manière d'imposer les Antiennes.

Dans quelques Diocèses, l'imposition des antiennes, et même l'intonation des autres pièces de chant, se désigne par l'addition de quelques notes. Cette addition se fait de trois manières : 1° par circonvolution; 2° par intercidence ; 3° par simple duplication. Les exemples suivans feront comprendre en quoi consistent ces trois manières, en indiquant les cas où il faut les employer.

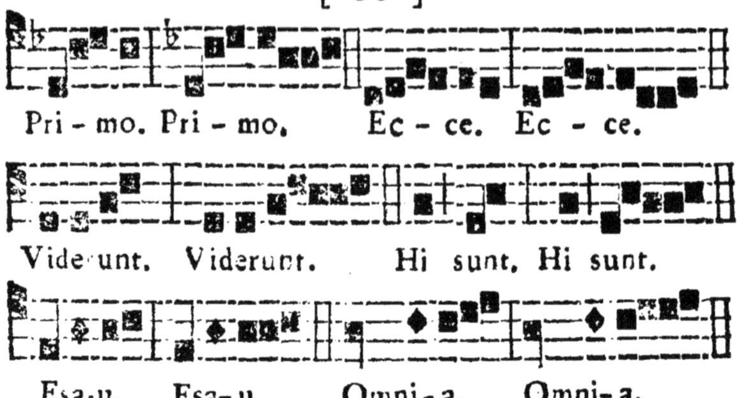

Nous répéterons ici en finissant, ce que nous avons dit plusieurs fois dans le cours de ce chapitre, qu'on doit se conformer aux usages de chaque Diocèse, tant pour les modes réguliers que pour les psalmodies irrégulières ; comme aussi pour les faux-bourdons, que chaque église fait à sa manière.

Le *faux-bourdon* est une psalmodie à plusieurs voix ou instrumens. Lorsqu'on chante en faux-bourdon, on ne répète l'intonation à aucun verset, même dans les Cantiques évangéliques; on ne fait point de médiation particulière pour ces Cantiques; dans les autres Psaumes, on ne fait aucun changement à la médiation sur les monosyllabes et les mots hébreux.

CHAPITRE QUATRIÈME.

Du Chant figuré ou mesuré (1).

Ce chant est composé de plusieurs figures de

(1) Il y a deux manières de mesurer le chant ordinaire : dans le

valeurs différentes ; c'est pour cela qu'on le nomme *figuré*. Nous en distinguerons cinq que l'on peut voir ci-dessous.

quadruple, double, carrée, brève, semi-brève.

La quadruple vaut deux doubles, la double deux carrées, la carrée deux brèves, la brève deux semi-brèves. D'où il suit que la quadruple vaut quatre carrées, ou huit brèves, ou seize semi-brèves.

Un point placé après une de ces figures, en augmente la valeur de moitié. Ainsi une double pointée vaut trois carrées ; une carrée pointée vaut trois brèves ou six semi-brèves.

Toutes les notes comprises entre deux barres s'appellent une *mesure* ; et elles se partagent en plus ou en moins de temps, selon que l'indique le chiffre placé au commencement du morceau.

Il y a trois mesures : la mesure à 2 temps, la mesure à 3 temps, et la mesure à 4 temps.

Diocèse de Paris on fait toutes les notes égales lorsqu'on chante en chœur avec le serpent, tandis que dans le chant Romain on observe les longues et les brèves. Qu'on dise que la manière Parisienne favorise davantage l'ensemble de l'exécution ; que le Romain a quelque chose de moins pesant ; chacun peut abonder dans son sens, pourvu que dans la pratique on se conforme aux usages du Diocèse où l'on se trouve.

Elles se battent ainsi par le mouvement de la main droite :

à 2 temps. à 3 temps. à 4 temps.

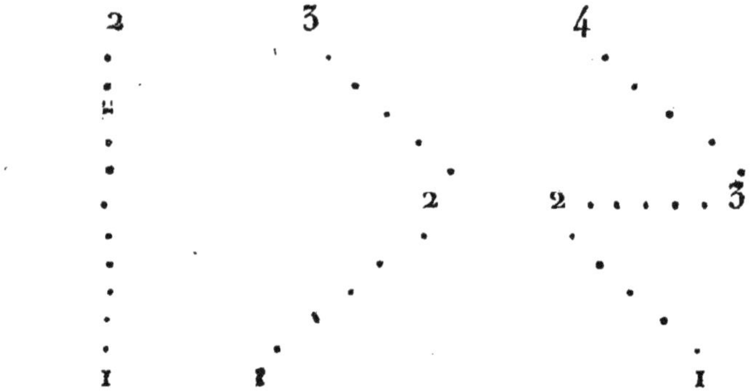

2 3 4

2 2 3

1 1 1

Une double remplira la mesure à 2 temps ; et chaque temps y sera rempli par une carrée ou l'équivalent.

Exemple.

1 | 2 1 | 2 1 | 2 1 | 2

La mesure à 3 temps est remplie par une double pointée ; ce qui donne une carrée ou l'équivalent pour chaque temps.

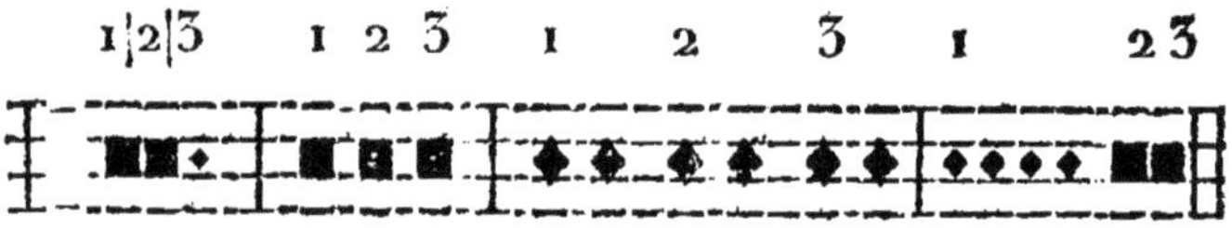

1 | 2 | 3 1 2 3 1 2 3 1 2 3

On se sert d'une autre mesure à 3 temps, qui est la moitié de celle-ci, et qui par conséquent est remplie par une carrée pointée. Dans cette mesure, usitée pour les Proses, on trouvera souvent deux carrées liées de cette manière ; il faut les considérer comme deux brèves.

La mesure à 4. temps est remplie par une quadruple ; par conséquent toujours une carrée ou l'équivalent pour chaque temps.

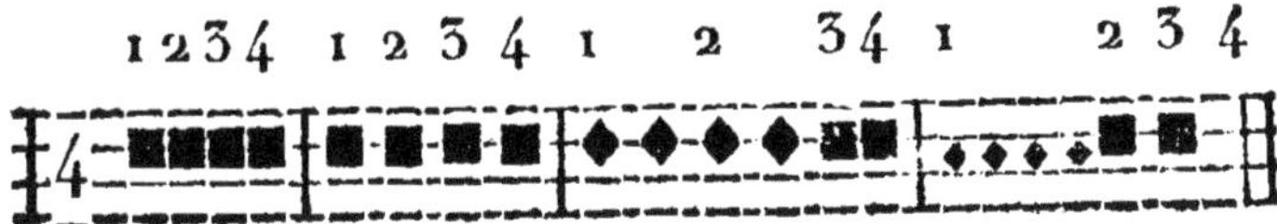

Figures des silences.

silence d'une carrée, d'une brève, d'une semi-brève.

Le silence d'une ou de plusieurs mesures se désigne en laissant une mesure blanche, et en indiquant par un chiffre placé au-dessous le nombre des mesures qu'il faudra battre sans chanter. *Exemple.*

silence d'une mesure, de deux mesures, de six mesures.

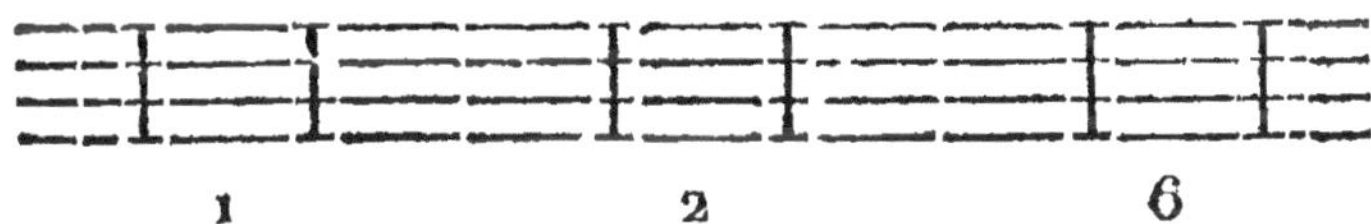

Si les Exercices mesurés qui se trouvent ici ne suffisent pas, on pourra prendre des cantiques notés en plain-chant musical, ou des motets latins. Seulement il faut bien remarquer quelles sont les figures employées dans le livre où l'on chante ; car elles pourroient différer un peu de celles dont nous avons fait usage dans cette Méthode.

EXERCICES.

Gamme.
N° 1.
Progression générale.
N° 2.
Progression de Tierces.
N° 3.
Progression de Quartes.
N° 4.

Progression de Quintes.
N°5.
Progression de Sixtes.
N° 6.
Progression d'Octaves.
N° 7.
N° 8.
UT que-ant la-xis REsonare fi-bris

MI - ra gesto - rum FAmu-li tu - orum, SOL-
ve pollu-ti LAbi-i re-a-tum, Sancte Jo-annes.
N° 9.
℟. de 6.
Chri - stus novi testamen-ti me-di-a-
tor, * Ini-ti-a - vit no-bis vi-am no-vam
et viven- tem per ve-la-men, id est car-
nem su - am, in in-tro - itum Sancto-
rum nondum pro-pala - tam, adhuc pri-o-re
taberna - culo haben-te sta - tum.
N 10
2. A.
Complebun-tur di-es luctûs tu - i, Si - on,
non oc-cidet ultra sol tu - us; populus tu - us

omnes justi.
N.° 11.
℟. du 5.
En di-le-ctus me-us lo-qui-
tur mi-hi: * Sur-ge, pro-pera ami-
ca me-a, columba me-a, formo-sa
me-a, et ve-ni.
N° 12.
6. C.
Annâ la-mentan-te, ec-ce An-
gelus Do-mi-ni, a-sti-tit, di-cens: An-na,
An-na, exau-di-vit Do-minus De-us
vo-cem et depreca-ti-o-nem tu-am.
N° 13.
5. C.
Al-le-lu-ia.

℣. E-go non sum tur-ba-
tus te pa-sto - rem se-quens ; et
di-em ho-minis non de-side-ra - -
vi tu scis.
N.° 14.
2. D.
Cre-a - vit De - us ho-
minem inextermi-na - bilem ; et ad i-ma-
ginem simi-li-tu-dinis su - æ fecit il-
lum ; * Invi - di-â au-tem di-
a - bo-li mors intro-i - vit in or-bem ter-

ra - rum.
.° 15.
2. D.
Dex - tera Do - mini fe - cit
vir - tu - tem, dex - tera Do - mini e-xal-
ta - vit me. Non mo - ri - ar, sed vi-
vam, et narrabo o - pera Do - mi-ni.
.° 16.
2. D.
Col - le - ge-
runt Ponti - fices et Pha-ri-
sæ-i con - ci - li-um, et di-
ce - bant quid fa - cimus qui-a
hic ho-mo mul- ta signa fa-

cit ; si dimi-ttimus e - um sic
om - nes cre - dent in e - um.
* Ne fortè ve - - ni-
ant Ro-ma - ni, et tol - lant no-
strum lo - cum et gen-
tem.
N.° 17.
Bémol.
N.° 18.
Dièse.

N.° 20. 2.e Mode. Voyez N.° 14.

N.° 21.
3.e Mode.

Memo - ri - a me - a in genera - ti-o-

nes sæ-cu-lo - rum. Qui edunt me adhuc
e-su-ri-ent, et qui bi - bunt me adhuc
si-ti-ent.
N.° 22.
4.e Mode.
U-na est columba me-a, perfe-cta
me-a, u-na est ma-tris su - æ, e-le-cta
ge-nitri-ci su-æ.
N.° 23. 5.e Mode. Voyez N.° 11.
N.° 24. 6.e Mode. Voyez N.° 9.
N.° 25.
7.e Mode.
Lau-da, ste-ri-lis, quæ non pa - ris;
decanta lau - dem quæ non pa-ri-e - bas quo-
ni-am multi fi-li-i deser-tæ, magìs
quàm e-jus quæ ha - bet virum.

N.° 26.
3.e Mode.
O virum i-ne-ffa - bi-lem. Nec la-bo-
re victum, nec morte vincendum; qui nec
mori timu-it, nec vive-re re-cusavit.
GAMME d'ut majeur. (la sur ut, 3 dièses.)
N° 27.
D.
H-C.
T.
B.
N° 28. GAMME de la mineur. (naturel.)
D.
H-C.
T.
B.

N.° 29.
D.
A-doro te supplex latens De-i-tas,
H.-C.
Adoro te supplex latens De-i-tas,
T.
Ado-ro te supplex latens De-i-tas,
B.
Ado-ro te supplex latens De-i-tas,
Quæ sub his figu-ris verè la-ti-tas.
Quæ sub his figu-ris verè la-titas.
Quæ sub his figu-ris verè la-ti-tas.
Quæ sub his figu-ris verè la-ti-tas.
Ti-bi se cor me-um totum subji-cit,
Ti-bi se cor me-um to-tum subji-cit,

Ti-bi se cor me-um to-tum subjicit,
Tibi se cor me-um totum subji-cit,
Qui-a te contemplans totum de-fi-cit.
Qui - a te contemplans totum de-fi-cit.
Qui-a te contemplans totum de-fi-cit.
Qui-a te contem-plans totum de-ficit.
N° 30.
D.
Stabat mater do-loro-sa Juxta crucem
H-C.
Stabat mater doloro-sa Juxta crucem
T.
Stabat mater doloro-sa Juxta cru-cem
B.
Stabat mater dolorosa Juxta crucem

lacrymo-sa, Dum pendebat fi-li-us.
lacrymo-sa, Dum pende-bat fi-li-us.
la cry mo sa, Dum pendebat fi-li-us.
lacrymosa, Dum pendebat fi-li-us.
N° 31 (la sur ut, 3 dièses.)
D.
Monstra te esse matrem, Sumat per te preces,
T.
Monstra te esse matrem, Sumat per te pre-ces,
B.
Monstra te esse matrem, Sumat per te pre-ces,
Qui pro nobis na-tus Tu-lit es-se tuus. Amen.
Qui pro nobis na-tus Tu-lit es-se tu-us. Amen.
Qui pro nobis na-tus Tu-lit es-se tu-us, Amen.

N° 32.

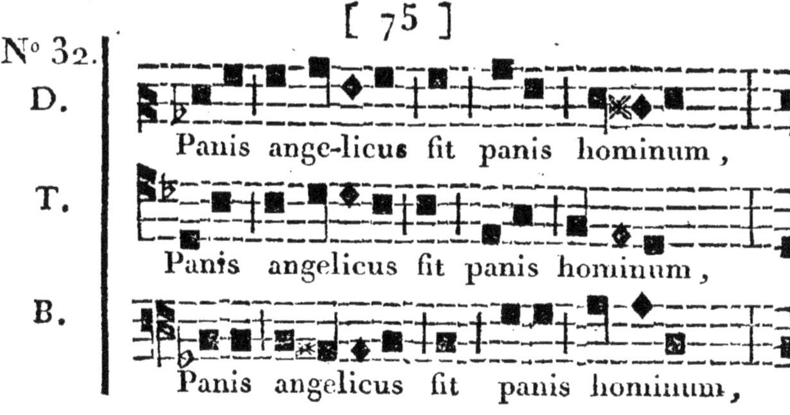
D.
Panis ange-licus fit panis hominum,
T.
Panis angelicus fit panis hominum,
B.
Panis angelicus fit panis hominum,

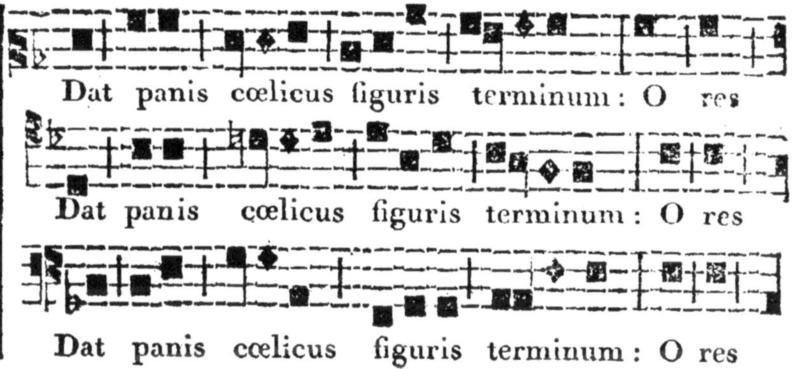
Dat panis cœlicus figuris terminum: O res
Dat panis cœlicus figuris terminum: O res
Dat panis cœlicus figuris terminum: O res

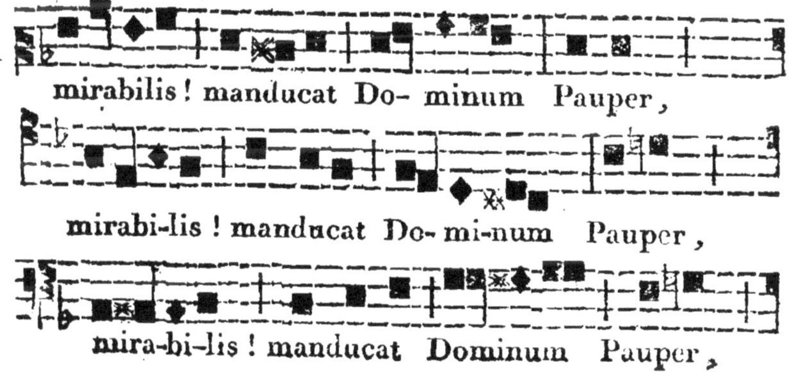
mirabilis! manducat Do- minum Pauper,
mirabi-lis! manducat Do- mi-num Pauper,
mira-bi-lis! manducat Dominum Pauper,

servus et humilis. Amen. Amen. Amen.
servus et hu-milis. Amen. Amen. Amen.
servus et hu-mi-lis. Amen. A-men. A-men.
PIÈCES MESURÉES.
N° 33.
Ut que-ant la-xis resona-re fibris Mi-
ra ges-torum famuli tu-o-rum Solve pol-lu-ti
labi-i re-a-tum, Sancte Jo-annes.
N° 34.
N° 35.

N° 38. (la *sur* ut 3 *dièses.*)

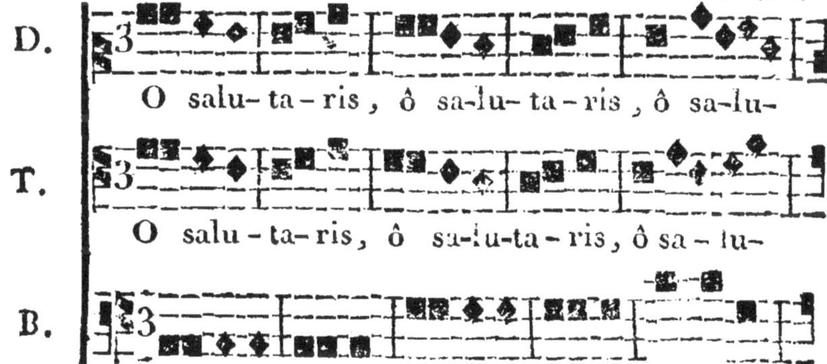

ta - ris , salu-taris hosti- a Quæ cœli quæ cœ-li
ta - ris , salu-taris hosti - a, Quæ cœli quæ cœli
ta - ris, salu-ta-ris hosti - a Quæ cœli quæ cœli
pandis os- ti - um; Bella pre -munt bella pre-
pandis os-ti - um ; Bella pre - munt bella pre-
pan-dis os-ti-um , Bella pre - munt bella pre-
munt hos-ti-li- a, Da robur da robur, fer auxili-
munt hos-ti-li - a, Da robur fer auxili-
munt hosti-li - a; Da robur fer auxili-

um. Da robur da robur fer au - xili - um.
um. Da robur fer au- xi-li- um.
um. Da robur fer au - xi - li - um.
N.° 39.
H.-C.
Reviens, pé-cheur, à ton Dieu qui t'ap-
D ou T.
Reviens, pé-cheur, à ton Dieu qui t'ap-
B.
Reviens, pé-cheur, à ton Dieu qui t'ap-
pelle; Viens au plus tôt te ran-ger sous sa
pelle; Viens au plus tôt te ran-ger sous sa
pelle; Viens au plus tôt te ran-ger sous sa

loi, Tu n'as é- té dé - jà que trop re-belle Reviens à
loi, Tu n'as é- té dé-jà que trop re-bel - le Reviens à
loi, Tu n'as é - té dé-jà que trop re-belle, Reviens à

lui puis-qu'il re-vient à toi, re-viens à
lui puisqu'il revient à toi, reviens à
lui puisqu'il revient à toi, reviens à

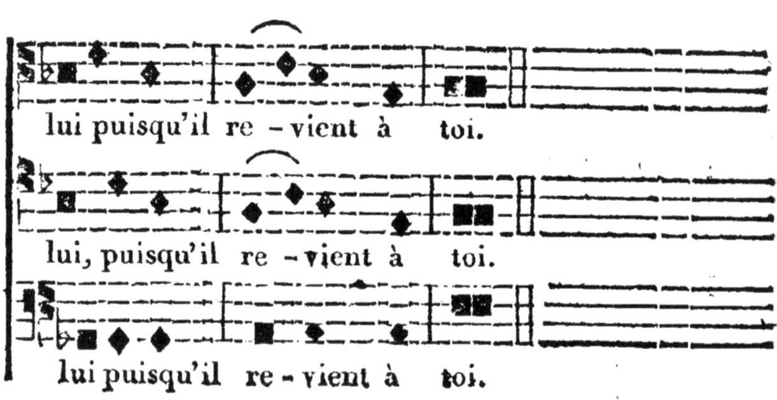
lui puisqu'il re - vient à toi.
lui, puisqu'il re - vient à toi.
lui puisqu'il re - vient à toi.

N.° 40. Hymne à la Sainte-Vierge.

(fa *sur* re , 4 *bémols.*)

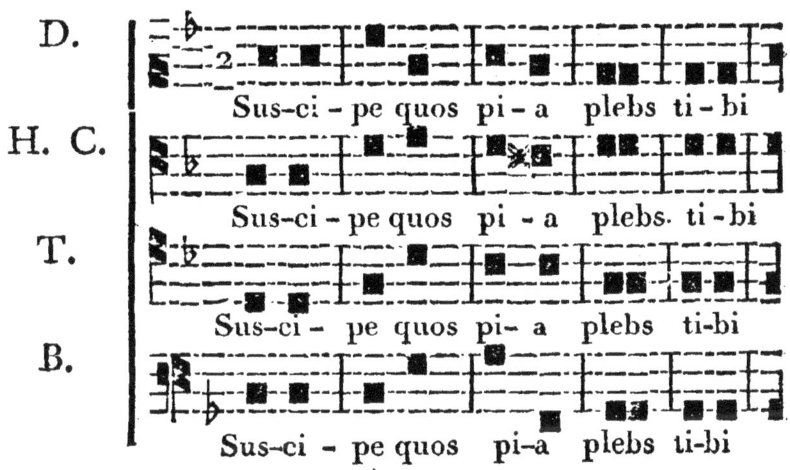

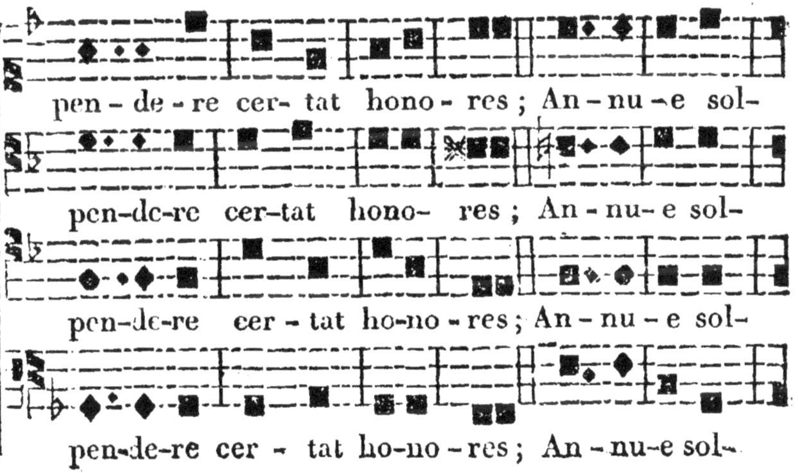

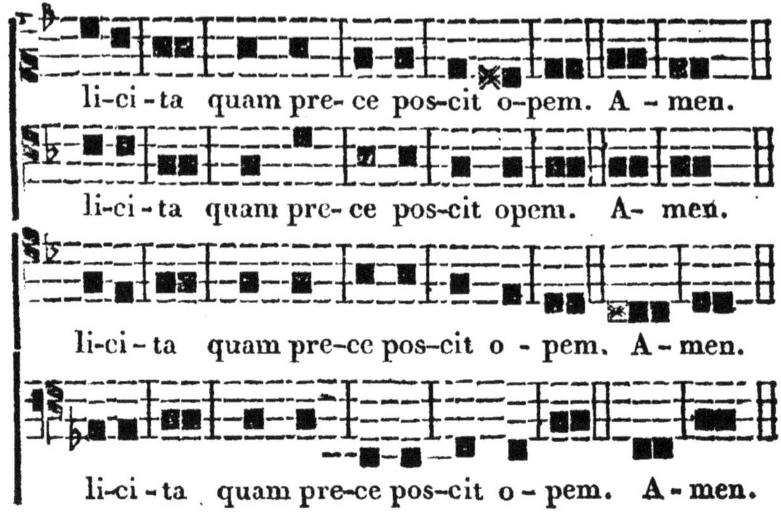

Nota. Nous avons écrit les Numéros 34, 35 et 36, de manière à donner un exemple de ceux qu'on rencontre dans quelques Livres de Chant ; ainsi nous y avons employé de petites Barres au lieu de grandes.

USAGE DE CETTE MÉTHODE

DANS LES SÉMINAIRES.

On peut diviser les Élèves en quatre classes.

Première Classe. C'est celle des commençants. On y voit le premier Chapitre de la méthode, et le second jusqu'aux accidens exclusivement. On passe les notions historiques.

Seconde Classe. Accidens. Intervalles. Notions historiques. Application de la parole. On s'y exercera beaucoup à solfier. Le maître suggère toujours le son de la première note.

Troisième Classe. Modes. Les Élèves commencent par eux-mêmes. Unisson des modes. Solfier encore. Beaucoup d'exercice pour l'application de la parole. Une fois par semaine, exercice sur les usages particuliers du Diocèse ; manière de chanter l'épître, l'évangile, les leçons, etc.

Quatrième Classe. Psalmodie. Morceaux à plusieurs voix. Faux-bourdons. Transpositions des modes. Chant figuré ou mesuré.

FIN.

ERRATA.

	au lieu de	lisez
page 36, ligne 1.re		
	re	re
ib. l. 2.		
	mi	mi
p. 42 l. 6.		
p. 63 l. 1.		
ib. l. 9.		
p. 65 l. 6.		
	La- men-	La- men-
p. 67 l. 2.		
p. 68 l. 3.		
	Ne	Ne
p. 71. l. av. dern.		
p. 72 l. 2, 6 et 10.		

ABRÉGÉ
DES PRINCIPES DE LA MUSIQUE.*

La musique se compose de sept Notes que l'on nomme en montant : *ut, ré, mi, fa, sol, la, si* ; et en descendant : *si, la, sol, fa, mi, ré, ut*. Ces Notes s'écrivent sur cinq lignes horizontales dont la réunion s'appelle une *Portée*.

Exemple.

5e
4e
3e
2e
1re

Quand les Notes montent plus haut ou descendent plus bas que les cinq lignes, on les reçoit sur de petites lignes qui alors tiennent lieu de grandes.

On distingue les Notes par le moyen des *Clefs*. Il y a trois clefs : la clef de *Sol*, la clef d'*Ut* et la clef de *Fa* : La clef de *Sol* se pose sur la seconde ligne ; la clef d'*Ut* sur les quatre premières lignes ; la clef de *Fa* sur la troisième et 4e ligne.

Clef de SOL. Clef d'UT. Clef de FA.

sol ut ut ut ut fa fa

---

* Les principes que nous allons exposer dans cet *Abrégé*, se trouvant presque tous développés dans notre *Méthode de plain-chant*, nous invitons à y recourir.

Toutes les Notes qui se trouvent sur la ligne où est posée la clef, prennent le nom de la clef, et servent à distinguer les autres Notes qui se trouvent plus bas ou plus haut.

EXEMPLE.

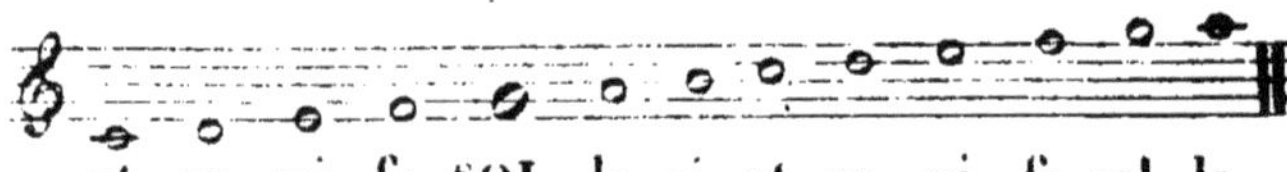

On s'attachera surtout à la connaissance de ces deux clefs qui sont les plus importantes. Dans l'écriture de la musique, il y a à la fin de chaque ligne un signe destiné à indiquer quelle sera la première Note de la ligne suivante. Ce signe s'appelle *Guidon*; il se figure ainsi

Quand on a acquis la connaissance des Notes, on commence à chanter. Lorsqu'on chante de suite les sept Notes avec la répétition de la première, cela forme une *Gamme* ou *Octave*.

EXEMPLE.

En montant. En descendant.

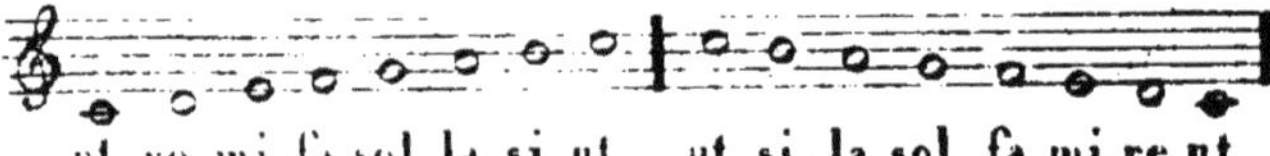

En chantant cette gamme, la voix met une différence entre le Son d'*Ut* et celui de *Re*, et pareillement entre les autres Notes. Cette différence s'appelle *Ton* lorsqu'elle est complette, et *demi-ton* lorsqu'elle est imcomplette. Il y a dans la gamme cinq tons et deux demi-tons.

EXEMPLE.

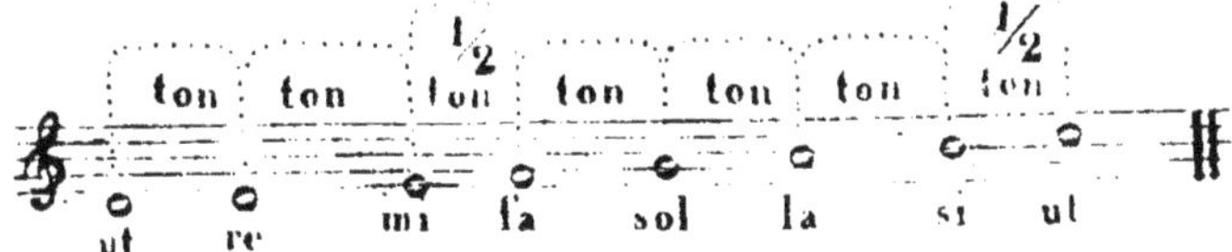

Cet ordre naturel peut etre changé par deux accidens. Le premier est le *Dièse* ♯ qui hausse d'un demi-ton la Note devant laquelle il est placé; le second est le *Bémol* ♭ qui baisse au contraire la Note d'un demi-ton. On appelle *Béquarre* ♮ le signe qui remet dans l'ordre naturel la Note Dièsée ou Bémolisée.

Quand un dièse est placé immédiatement après la clef, il affecte toutes les Notes qui se rencontrent sur la corde où il est posé; il en est de même du bémol *à la clef*.

Cet ordre s'observe invariablem.t dans les dièses ou les bémols qu'on met à la clef: si, par exemple, on met trois dièses à la clef, ils seront nécessairement le *fa*, *l'ut* et le *sol*.

Le double dièse 𝄪 et le double bémol 𝄫 élèvent ou baissent d'un demi-ton la Note déjà affectée d'un dièse ou d'un bémol simples.

Les *Intervalles* sont composés de plus ou moins de *tons*. Les principaux sont la *seconde*, la *tierce*, la *Quarte*, la *Quinte* la *sixte* la *septième* et *l'octave*.

EXEMPLE

Le plus important à connaitre est la *tierce*. Celle-ci est *majeure* lorsqu'elle est composée de deux tons, comme UT-MI, FA-LA; elle est mineure quand elle est composée d'un ton et d'un demi-ton, comme LA-UT.

La Note sur laquelle on commence la gamme et de laquelle on part pour compter les intervalles s'appelle *tonique*. C'est elle qui donne le nom au *mode* dans lequel un morceau est composé.

Il y a deux modes, l'un *majeur*, l'autre *mineur*. Le mode majeur est celui dont la tierce est majeure, comme le mode naturel d'*ut*; tierce majeure: *ut-mi*. Le mode mineur est celui dont la tierce est mineure, comme le mode naturel de *la*; tierce mineure: *la-ut*.

Gamme naturelle d'UT,
modèle de toutes les gammes majeures.

Gamme naturelle de LA,
modèle de toutes les gammes mineures.

En montant la gamme mineure, on élève ordinairement la sixte et la septième; mais en descendant, on les rétablit dans l'ordre naturel.

L'accord parfait consiste dans la réunion de la tonique, de la tierce et de la 5te.

Avant de chanter un morceau, il est bon de savoir dans quel mode est ce morceau, et de faire la gamme sur la tonique de ce mode, afin que l'oreille ayant présentes toutes les Notes de la gamme, saisisse plus facilement les intervalles qui se présenteront.

Or 1º quand il n'y a rien à la clef, le morceau ne peut être qu'en *ut* majeur ou en *la* mineur.

2º Quand il y a des dièses à la clef, la tonique majeure se trouve immédiatement au dessus du dernier dièse et la tonique mineure au dessous du même dernier dièse.

3º Quand il y a des bémols à la clef, la tonique majeure est à la quinte au dessus du dernier bémol, et la tonique mineure est à la tierce de ce même bémol.

EXEMPLES

Voici maintenant deux règles pour distinguer entre le mode majeur et le mode mineur.
1º Un morceau doit toujours commencer par une des Notes de l'accord parfait de son mode.
2º La septième du mode mineure est ordinairement élevée d'un demi-ton lorsqu'elle monte à la tonique. Application de ces deux règles à un morceau qui ne présente rien à la clef; on demande si ce morceau est en *ut* majeur ou en *la* mineur.

Application de la première règle. S'il commence par un *Sol* il est en *ut* parceque *Sol* ne fait point partie de l'accord parfait de *la*. S'il commence par *la*, il est en *la*, parceque *la* ne se trouve point dans l'accord parfait d'*ut*. S'il commence par *ut* ou par *mi*, comme ces deux Notes se trouvent également dans les deux accords parfaits, il faut recourir à la seconde règle.

Application de la seconde règle. Si dès le commencement il se rencontre un *sol* dièsé, le morceau est en *la*, parceque *sol* est alors la septième du mode mineur de *la*. Si au contraire le *sol* est naturel, le morceau est en *ut*, parcequ'alors *sol* est quinte naturelle du mode majeur d'*ut*.

Il ne suffit pas de donner aux Notes le son convenable, il faut aussi mesurer la durée de chacune selon sa figure.

Il y a sept figures de Notes sçavoir : la Ronde ○, la Blanche 𝅗𝅥, la Noire ♩, la Croche ♪, la Double croche 𝅘𝅥𝅯, la Triple croche 𝅘𝅥𝅰, et la Quadruple croche 𝅘𝅥𝅱.

La Ronde vaut deux Blanches ; la Blanche vaut deux Noires, la Noire vaut deux croches, et ainsi de suite ; de sorte que la Ronde vaut quatre Noires, ou huit croches, ou seize Doubles croches, ou 32 Triples croches ou 64 Quadruples croches.

Le Point (•) placé après l'une de ces figures en augmente la valeur de moitié. Ainsi une Ronde pointée (○•) vaut trois Blanches, une Blanche pointée (𝅗𝅥•) vaut trois Noires, etc....

On distingue sept figures de silen-ce qui correspondent aux sept figures de Notes. On les appelle: Pause ▬, demi pause ▬, Soupir 𝄽, demi-soupir 𝄾, quart de soupir 𝄿, demi quart de soupir 𝅀, seizième de soupir 𝅁. La pause vaut une Ronde la demi pause une blanche etc...

EXEMPLE

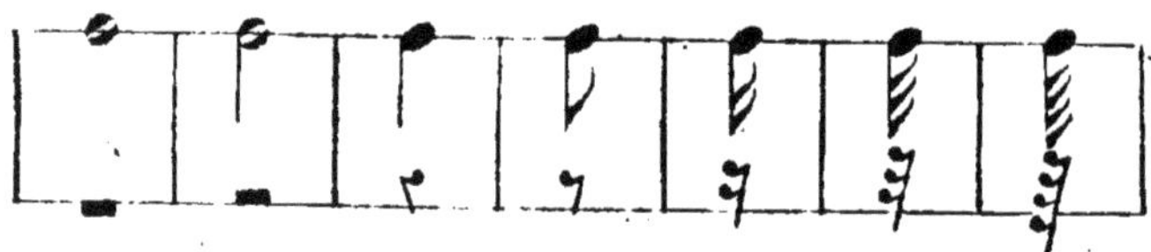

Le Point se place de même après les figures de silence.

On emploie le plus souvent la pau-se pour désigner l'étendue d'une me-sure quelconque.

Une mesure se forme de toutes les Notes comprises entre deux barres 𝄚; ces Notes se partagent en plus ou moins de *temps*.

Il y a trois sortes principales de mesures: la mesure à deux temps, la mesure à trois temps et la mesure à quatre temps. Elles se battent ainsi par le mouvement de la main:

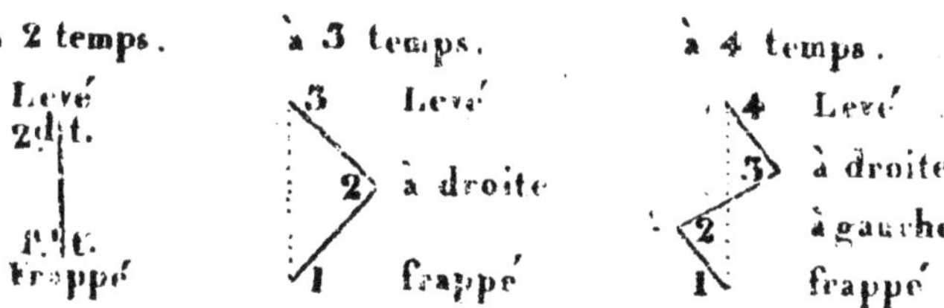

Il faut une Ronde pour remplir la mesure à deux temps; par conséquent chaque temps y sera rempli par une blanche ou par l'équivalant d'une blanche. Cette mesure se marque par un 2 ou ₵.

EXEMPLE

Pour remplir la mesure a trois temps il faut une Blanche pointée; chaque temps sera rempli par une noire, ou équivalant. Cette mesure se marque par 3 ou $\frac{3}{4}$.

EXEMPLE

La mesure à quatre temps se remplit par une Ronde ; et chaque temps y est rempli par une noire ou équivalant. Cette mesure est désignée par un C

EXEMPLE

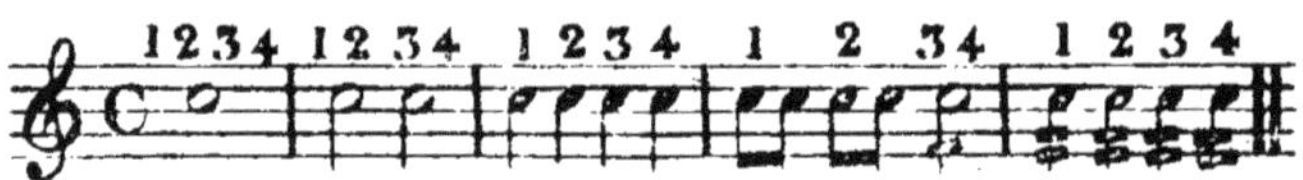

Quand plusieurs croches de suite ne sont pas sur des syllabes différentes, on les unit ensemble de cette manière [notes] Quand il se rencontre plusieurs croches ou doubles croches de suite sur la même ligne, on les représente par les abréviations suivantes :

Nous avons parlé jusqu'ici des mesures *Simples*. Les mesures *composées* s'appellent ainsi parcequ'elles se designent par deux chiffres. Les mesures à $\frac{2}{4}$ et à $\frac{6}{8}$ se battent a 2 temps; les mesures à $\frac{3}{2}$ et à $\frac{3}{8}$ se battent à 3 temps; les mesures à $\frac{12}{4}$ et à $\frac{12}{8}$*. Si l'on veut savoir ce qu'il faut pour remplir chacune de ces mesures, il suffit de se rappeler que le chiffre supérieur indique la quantité des Notes qui devront y entrer, et le chiffre inférieur la qualité de ces mêmes Notes comparativement à la Ronde. Ainsi dans la mesures à $\frac{2}{4}$ le chiffre 4

* à 4 temps.

indique le quart d'une Ronde, c'est à dire une noire, ensorte que c'est comme si l'on disait : la mesure à deux noires. De même la mesure à $\frac{6}{8}$, à six croches ; et ainsi des autres.

Quand on rencontre trois croches ou doubles croches surmontées du chiffre 3 de cette maniere il faut les passer comme s'il n'y en avait que deux et pour cela il est necessaire de les chanter un peu plus vite que les croches ordinaires. On les appelle *Triolets*. Quelquefois on réunit deux triolets avec le chiffre 6 de cette maniere

On appelle *Syncope* la Note qui, commence sur un temps pair et qui se termine sur un temps impair.

EXEMPLE.

On ne met point ici d'exercices ; ceux qui seront familiarisés avec ces principes pourront étudier dans les solfèges.

6 Octobre 47

Explication des expressions italiennes qu'on rencontre le plus souvent.

Largo, ... Largement.

Larghetto, ... Un peu moins lent.

Adagio, ... Posément.

Andante, ... Mouvement décidé.

Allegro, ... Légèrement, Gaiement.

Presto, ... Vite.

Prestissimo, ... Très vite.

Forte. F, ... Fort.

Mezza voce .... à demie voix.

Piano P, ... Doux.

Smorzando, ... en mourant.

www.ingramcontent.com/pod-product-compliance
Ingram Content Group UK Ltd.
Pitfield, Milton Keynes, MK11 3LW, UK
UKHW021556260726
13993UKWH00002B/870

9 782329 300429